Renate Keller

Märchen und die Förderung der Resilienz

Wie wirken sich die Märchen der Gebrüder Grimm auf die Entwicklung von Kindern aus?

Bibliografische Information der Deutschen Nationalbibliothek:

Die Deutsche Nationalbibliothek verzeichnet diese Publikation in der Deutschen Nationalbibliografie; detaillierte bibliografische Daten sind im Internet über http://dnb.d-nb.de abrufbar.

Impressum:

Ein Imprint der Open Publishing GmbH, München

Druck und Bindung: Books on Demand GmbH, Norderstedt, Germany

Coverbild: Open Publishing GmbH | Freepik.com | Flaticon.com | ei8htz

Heilpädagoginnen und Heilpädagogen begleiten und betreuen die Schülerinnen und Schüler im Schulalltag in der Entwicklung zur Mündigkeit und Selbständigkeit. Dabei kann ihre Unterstützung auch bezüglich der Entwicklung und Stärkung der Resilienz einen grossen Beitrag leisten. Diese innere Widerstandskraft ermöglicht, dass anspruchsvolle und schwierige Aufgaben im Leben besser gemeistert und die Kinder selbstbewusst und selbstständig durchs Leben gehen können. Die Entwicklung von Resilienz ist von verschiedenen Faktoren abhängig. Diese werden in den dargestellten Modellen aufgezeigt. Alle haben gemeinsam, dass die Entwicklung zu resilientem Verhalten bei jedem Kind von sogenannten Risiko- und Schutzfaktoren abhängig ist. Die Risiko- und Schutzfaktoren beeinflussen sich gegenseitig in ihrer Wirkung. Wie in den Modellen dargestellt, ist der Prozess der Entwicklung von Resilienz komplex, multidimensional und auch von biologischen, psychosozialen, sozialen, genetischen und psychologischen Faktoren beeinflusst. Das Verhalten der Lehrpersonen, der Heilpädagogen und Heilpädagoginnen kann die Kinder in der Entwicklung von resilientem Verhalten unterstützen, indem sie verlässliche Bezugspersonen sind, sich für klare Abläufe im Schulalltag und transparente Regeln einsetzen und den Kindern Verantwortung übergeben. Das Märchen-Erzählen ist ein weiterer resilienzfördernder Faktor. In der Literatur wird beschrieben, dass die Kinder den Inhalt der gehörten Märchen mit den mutigen Verhaltensweisen der Protagonisten und Protagonistinnen in sich tragen und sich davon inspirieren lassen. Das Erzählen der Märchen lässt innere Bilder entstehen, welche die Schülerinnen und Schüler im Alltag stärken. Der jeweils positive Schluss im Märchen ermutigt die Kinder und unterstützt sie in ihrem Lebensmut. Dadurch werden die Resilienzfaktoren und soziale Schutzfaktoren gestärkt. Mit der Überprüfung der Märchen auf resilienzfördernde Faktoren mit Hilfe eines Rasters (Koj, 2008) wird am Beispiel von vier Märchen der Gebrüder Grimm aufgezeigt, auf welche Weise Märchen eine resilienzfördernde Wirkung haben können. Damit diese jedoch erzielt werden kann, sollen von Lehrpersonen, Heilpädagoginnen und Heilpädagogen methodisch verschiedene Erzähl- und Darstellungsformen bei Märchen angewendet werden. Mit dem Schwerpunkt auf Zyklus 1 werden Handlungsvorschläge für die Arbeit mit Märchen dargestellt. Dabei soll die gestalterische und sinnliche Umsetzung im Vordergrund stehen. Die Kinder sollen ihre Eindrücke des gehörten Märchens verarbeiten und vertiefen können, sich darüber freuen, und noch lange von den stärkenden Erinnerungen zehren können.

Inhaltsverzeichnis

1 Einleitung

1.1 Ausgangslage

In der Literatur wird der Begriff der Resilienz vielfältig beschreiben und definiert. Dieser Arbeit liegt das Verständnis von Opp (1999, 245) zugrunde. Dabei wird Resilienz als eine sich verändernde Balance zwischen stresserzeugenden Ereignissen im Leben und der Widerstandskraft des Individuums beschrieben. Als Ergänzung werden die Ansätze von Schlenker-Schulte (1999, 244) benutzt, der ‚Resilienz' als ‚Widerstandskraft trotz allem' definiert. Grotberg (2011, 54) beschreibt den Begriff als dynamischen Prozess. Weil Kinder in ihrem Alltag immer wieder in als schwierig erlebte Situationen geraten, ist die Förderung der Faktoren zur Stärkung der Resilienz in diesem Lebensabschnitt wichtig. Nur wenn Kinder und Jugendliche resilient sind, können sie problematische Situationen erfolgreich überwinden und gestärkt aus ihnen hervorgehen. Die Entwicklung der Resilienz ist ein komplexes Wechselspiel zwischen so genannten Risiko- und Schutzfaktoren (Opp, 1999, 234). Kein Kind kommt resilient zur Welt und wird dies auch nicht allein durchs Älterwerden (Haug-Schnabel, 2012, 9).

In der Literatur kommt in Bezug auf die Entwicklung von Resilienz verschiedene Konzepte zum Einsatz. Bei diesen besteht die Gemeinsamkeit in der Beschreibung des Aufbaus von Risiko- und Schutzfaktoren. Die Gründe für die Entstehung der Risikofaktoren werden vor allem im Bereich der Umwelt gesehen: im niedrigen sozioökonomischen Status, in der anhaltenden Armut in der Familie, den chronischen familiären Disharmonien, der elterlichen Trennungen, der Arbeitslosigkeit der Eltern und dem niedrigen Bildungsniveau der Eltern (Wustmann Seiler, 2016, 38). Die stabile, emotionale Bindung zu einer Bezugsperson wird als zentralen Schutzfaktor beschrieben. Zu den allgemeinen Resilienzfaktoren, welche als Schutzfaktoren wirken und als Kompetenzen der Kinder beschreiben werden können, zählen: Die Fähigkeit zur Selbstwahrnehmung, zur Selbstwirksamkeit, zur Selbststeuerung, die soziale Kompetenz, das Problemlösen und der konstruktive Umgang mit Stress (Fröhlich-Gildhoff und Rönnau-Böse, 2009; Fröhlich-Gildhoff und Rönnau-Böse, 2015, 16; Werner, 1999, 28). Die Arbeit im Unterricht im Zyklus 1 bietet zahlreiche Möglichkeiten zur verstärkten Resilienzförderung, so zum Beispiel durch die Förderung von Kompetenzen, mit welchen belastende Erfahrungen verarbeitet werden können. Eine wesentliche Möglichkeit dafür wird in der Förderung der Basiskompetenzen beschrieben (Wustmann Seiler, 2016, 122; Schieder, 2014, 20). Zu diesen gehören die Sozialkompetenz, ethische und religiöse Wertekompetenz,

Wahrnehmungs- und Sprachkompetenz, Fantasie- und Kreativitätskompetenz und ästhetische und musische Kompetenz. Das Erarbeiten und Üben dieser Kompetenzen ist ein fester Bestandteil im Lehrplan 21 (Erziehungsdirektion Bern, Lehrplan 21). Je früher die Präventionsmassnahmen im Sinne einer Förderung angewendet werden, desto grösser ist deren Wirkung. Der Einfluss der Schule auf die Entwicklung der Kinder sei gross, da diese einen systematischen Zugang zu allen Kindern habe (Opp, 1999, 235). Die Dynamik in der Entwicklung von Resilienz wird durch die sich verändernde Fähigkeit erklärt, schwierige Ereignisse zu bewältigen. Dies zeigt sich darin, dass Kinder während einem bestimmten Zeitpunkt im Leben resilienter und in anderen Phasen viel verletzlicher erscheinen (Wustmann Seiler, 2016, 30-31). Im Zyklus 1 kann die Schulung der genannten Basiskompetenzen durch das Erzählen von Märchen ergänzend ausgestaltet werden (Wustmann Seiler, 2016, 129). Die Beziehungskompetenz, eine zentrale Fähigkeit, wird im Kindergarten unterstützend vermittelt. Im Zyklus 1 können in einer Atmosphäre des Vertrauens die Bindungsbedürfnisse befriedigt werden. Dadurch werden Fertigkeiten zur Lebensbewältigung, zur Beziehungsfähigkeit sowie Wertebildung vermittelt. Nebenbei wird die Kreativität und die Sprachfantasie gefördert (Fischer, 2012, 140). Diese Aussage wird durch Bettelheim erweitert, indem er nicht die Moral als den Kern der Märchengeschichte beschreibt, sondern die Versicherung, dass jeder Mensch im Leben Erfolg haben könne. Zudem wird das Kind vom Märchen unterhaltend in seiner Persönlichkeitsentwicklung gefördert (Bettelheim, 2017, 16-18). Aufgrund der sprachlichen Gestaltung geschehen Märchen nirgendwo und gleichzeitig überall. Durch Formeln wie „Es war einmal...." werden sie allgemeingültig. Der sich wiederholende Ablauf des Märchens ist entscheidend für diese Literaturform. (Lutz, 2016, 88-89). Am Ende des Märchens sind die Gefahren bewältigt und alle sind glücklich. Märchen sind Geschichten, welche von den Menschen verstanden werden können, da die Sprache klar und verständlich und nie abstrakt oder interpretativ ist (Wilkes, 2008, 60). Auch für Koj (2008, 8) sind die Märchen ein wichtiger Teil im Alltag der Kinder. Die Identifikation mit den Protagonisten und Protagonistinnen eröffnen den Zugang zu dessen Gefühlsleben. Das Erzählen von Märchen hilft unterschiedliche Perspektiven einzunehmen, Problemlösungen nachvollziehbar zu machen und verschiedene Verhaltensmodelle darzustellen (Wustmann Seiler, 2016, 129). Auch durch die Erzählung kann die Entwicklung von Copingstrategien, die Stärkung des Selbstwirksamkeits- und Kontrollglaubens, die Stärkung des Selbstbewusstseins und die Förderung der emotionalen Kompetenz gefördert werden (Koj, 2008, 8). Lehrpersonen, Heilpädagoginnen und Heilpädagogen können dazu beitragen, in einem hochbelasteten Lebensverhältnis eines

Kindes positive Beziehungs- und Erlebnisfelder zu schaffen. Dies wird ermöglicht durch den unterstützenden Umgang im Alltag, durch das Vermitteln von Strategien bei Wut- und Ärgerimpulsen, Minderwertigkeitsgefühlen und im Umgang mit Stress, Sorgen, Zweifel und Ängsten (Göppel, 2011, 393).

1.2 Fragestellung

Diese Arbeit setzt sich auf der Basis der aktuellen Literatur mit dem Konzept der Resilienz und der Wirkung des Märchenerzählens in der heilpädagogischen Arbeit auseinander.

Die Fragestellung lautet:

- Kann die Resilienz bei Kindern durch das Erzählen von Grimm-Märchen im Kindergarten und Unterstufe gefördert werden?

Um diese Frage zu beantworten, werden im Vorfeld folgende Fragen theoriegeleitet geklärt:

- Durch welche Merkmale zeichnet sich das Phänomen der Resilienz aus wissenschaftlicher Perspektive aus?
- Welchen Aufbau haben die Grimm-Märchen?
- Durch die Anwendung des Rasters von Koj (2008) soll das Potential zur Resiliez-förderung von vier Märchen analysiert werden.

1.3 Vorgehen

Nach der Einleitung (Kapitel 1) mit der beschriebenen Ausgangslage wird auf das Phänomen der Resilienz mit den Schutz- sowie Risikofaktoren, und auf die Auswirkungen auf den Unterricht eingegangen (Kapitel 2). Danach werden die aktuellen Forschungsergebnisse zusammengefasst (Kapitel 3). Die gesellschaftliche Bedeutung, der inhaltliche Aufbau der Märchen, auch der Grimm-Märchen, werden (Kapitel 4) dargestellt. Der Raster von Saskia Koj zur Analyse von Geschichten und Märchen in Bezug auf Resilienzförderung (Koj, 2008, 9-14) wird vorgestellt und kritisch beleuchtet (Kapitel 5). Anhand dieses Rasters werden die Resultate der vier analysierten Grimm-Märchen dargestellt (Kapitel 6). Aufgrund der aktuellen Theorien zu Resilienz sowie der Analyse der Grimm-Märchen werden Empfehlungen für den Schulalltag in Form von Handlungsvorschlägen im Kindergarten und in der Unterstufe aus heilpädagogischer Sicht (Kapitel 7) erarbeitet. Danach folgt eine

Zusammenfassung der Resultate, und eine Reflektion zu den erarbeiteten Grundlagen (Kapitel 8).

2 Der Begriff Resilienz

Im folgenden Kapitel wird nach der Klärung der Bedeutung des Begriffes der Resilienz auf die unterschiedlichen Modelle von Resilienz eingegangen und die Risikofaktoren, welche sich negativ auf die psychische Entwicklung des Kindes auswirken können, werden genauer erläutert. Danach werden die Schutzfaktoren, welche als Ressourcen wirken und Resilienz entstehen lassen, dargestellt. Der Begriff ‚Resilienz' leitet sich vom englischen Wort ‚resilience' (Spannkraft, Elastizität, Strapazierfähigkeit) und dem lateinischen Wort ‚resiliere' (abprallen) ab (Bengel et al., 2009, 18). Damit wird die Fähigkeit zum erfolgreichen Umgang mit belastenden Lebensumständen und Folgen von negativem Stress bezeichnet. Der Begriff der Resilienz fasst inhaltlich die psychische Widerstandsfähigkeit gegenüber biologischen, psychologischen und psychosozialen Entwicklungsrisiken zusammen (Wustmann Seiler, 2016, 18).

In der heutigen Zeit sind die psychosozialen Anforderungen an Kinder und Jugendliche sehr hoch, was die grosse Bedeutung von Resilienz begründet (Haug-Schnabel, 2012, 9). Die zunehmende Kinderarmut und die steigende Anzahl alleinerziehender Eltern werden als Beispiele von Herausforderungen in unserer sich verändernden Gesellschaft beschrieben (Krause, 2012, 21). Kinder erleben in ihrem Alltag immer wieder schwierige Situationen. Damit sie diese gut meistern können, spielt die Unterstützung in der Entwicklung von resilienzfördernden Faktoren eine grosse Rolle (Grotberg, 2011, 54). Resilienz wirkt in belastenden Umständen hilfreich (Frick, 2011, 203). Jedoch ist Resilienz bei Menschen nicht unbegrenzt vorhanden. Es gibt weder Dauerresilienz, noch Resistenz. Das bedeutet, dass Resilienz weder angeboren ist noch durchs Älterwerden einfach entsteht (Haug-Schnabel, 2012, 9). Als Grund für mangelnde Entwicklung von resilientem Verhalten können nicht die widrigen Lebensumstände allein verantwortlich gemacht werden (Krause, 2012, 19). Die Aussage, dass sich Kinder auch trotz grosser sozialer und psychischer Belastung positiv entwickeln können, ist heute empirisch belegt (Fingerle, 2011, 208).

2.1 Resilienzmodelle

Aufbauend auf der Erkenntnis, dass sich Prozesse und Wirkungen gegenseitig beeinflussen, haben die Forscher verschiedene Resilienzmodelle erarbeitet. Dabei handelt es sich um statische Modelle, in welchen risikomindernde und risikoerhöhende Faktoren und das Entwicklungsergebnis von Resilienz als voneinander abhängige Grössen angesehen werden. Der Begriff des ‚Risikos' bezieht sich hier auf das ‚Scheitern' des Kindes in einer schwierigen Situation. Die beschriebenen Modelle haben für die Präventions- und Interventionsansätze, auch im heilpädagogischen Bereich, eine grosse Bedeutung. Es werden vier Modelle beschrieben: Das Modell der Kompensation (Kap. 2.1.1), das Modell der Herausforderung (Kap. 2.1.2), das Modell der Interaktion (Kap. 2.1.3) und das Modell der Kumulation (Kap. 2.1.4) (Wustmann Seiler, 2016, 56-57).

2.1.1 Modell der Kompensation

In diesem Modell sind die Auswirkungen der risikoerhöhenden Faktoren auf die Entwicklung der Resilienz dargestellt. Diese können jedoch durch den Einfluss der risikomindernden Faktoren kompensiert werden (Wustmann Seiler, 2016, 57-58). Sie wirken gegenseitig subtraktiv und die Risikofaktoren können durch so genannte ‚Schutzfaktoren' (Kap. 2.4) neutralisiert werden (Fröhlich-Gildhoff & Rönnau-Böse, 2015, 37). Dadurch kann die Entwicklung von Resilienz in Risikosituationen verbessert werden. Je weniger risikomindernde Faktoren (Kap. 2.5) bei den Kindern und Jugendlichen vorhanden sind, umso grösser ist die Gefahr des Auftretens einer psychischen Beeinträchtigung. Im Modell der Kompensation wird noch einmal zwischen dem Haupteffekt- und dem Mediatorenmodell unterschieden (Fröhlich-Gildhoff & Rönnau-Böse, 2015, 37).

Das Haupteffekt-Modell: Bei diesem Modell wird davon ausgegangen, dass risikoerhöhende und risikomindernde Faktoren direkt auf das Entwicklungsergebnis der persönlichen Entwicklung der Kinder und der Jugendlichen einwirken. Präventionsmassnahmen sind dabei wichtig und zielen auf das Erhöhen der Schutzfaktoren und das Unterstützen der Ressourcen ab. Zu diesen Präventionsmassnahmen gehören die Förderung der Kompetenzen der Problemlösung, der Stressbewältigung und der allgemeinen sozialen Kompetenzen (Wustmann Seiler, 2016, 57-58).

Das Mediatoren-Modell: Bei diesem wird davon ausgegangen, dass die risikoerhöhenden und risikomindernden Faktoren indirekt, das heisst über Mediatoren, auf die Entwicklung der Kinder und Jugendlichen einwirken. Dabei wird beispielsweise das Elternverhalten, auf welchen eingewirkt werden kann, als ein wichtiger Mediator beschrieben. Durch ein Elterntraining sollen z. Bsp. ungünstige Kindheitserlebnisse ausgeglichen werden, die sonst für die Kinder in der Erziehung Risikofaktoren darstellen können. Dadurch wird konkret auf den Mediator, hier das elterliche Erziehungsverhalten, eingewirkt. Auch die Risikofaktoren chronischer Armut oder elterlicher Arbeitslosigkeit können durch Unterstützung vermindert oder kompensiert werden. Beispielsweise kann das sozialen Netzwerk der Familie gestärkt werden. Durch diese Entlastung der Eltern wird die Möglichkeit erhöht, dass sie besser auf die Kinder eingehen können. Die Präventionsmassnahmen konzentrieren sich beim Mediatoren-Modell auf Beratung oder Familienbildungsangebote und dadurch auf die Stärkung der elterlichen Erziehungskompetenzen (Wustmann Seiler, 2016, 57-58).

2.1.2 Modell der Herausforderung

Bei diesem Resilienzmodell wird die Beziehung zwischen risikoerhöhenden Bedingungen und kindlicher Anpassung als eine Wechselwirkung dargestellt. Negativer Stress, wie zum Beispiel die Geburt eines Geschwisters oder eine belastete Beziehung der Eltern, sind grosse Herausforderungen für ein Kind (Wustmann Seiler, 2016, 59). Dieses Modell zeigt, wie das Kind durch die Entwicklung neuer Strategien seine Kompetenz im Umgang mit schwierigen Situationen erhöhen, um dann bei erneut auftretenden Risiken darauf zurückzugreifen kann. (Fröhlich-Gildhoff & Rönnau-Böse, 2015, 38). Kinder werden darin unterstützt, Stress- und Risikosituationen als Herausforderungen zu betrachten. Durch die Förderung im Rahmen der so genannten Präventionsarbeit sollen die Kinder schon früh im Leben ein Repertoire an Copingstrategien vermittelt bekommen und diese üben können (Wustmann Seiler, 2016, 59).

2.1.3 Modell der Interaktion

Dieses Modell geht von einer interaktiven Beziehung zwischen risikoerhöhenden und risikomindernden Faktoren aus (Wustmann, 2016, 60). Den risikomindernden Faktoren wird dabei nur eine indirekte Wirkung zugesprochen (Fröhlich-Gildhoff & Rönnau-Böse, 2015, 38). Das bedeutet, dass mindernde Faktoren nur dann wirken können, wenn eine Gefährdung vorhanden ist. Damit wirken risikomindernde Faktoren nur indirekt auf die Entwicklung des Kindes ein. Die soziale Unterstützung der Lehrperson wird als signifikant positiv wirkende Massnahme auf die soziale Kompetenz der Kinder dargestellt. In diesem Modell machen Interventionen nur bei Risikogruppen Sinn (Wustmann Seiler, 2016, 60).

2.1.4 Modell der Kumulation

Dieses Modell ist eine Erweiterung des Interaktions-Modells. Die Anzahl der schützenden Faktoren ist dabei entscheidend (Fröhlich-Gildhoff & Rönnau-Böse, 2015, 38). Je mehr schützende Faktoren vorhanden sind, desto höher ist die Wahrscheinlichkeit einer gelingenden Entwicklung von resilientem Verhalten. Zudem können sich risikoerhöhende und risikomindernde Faktoren addieren. Das bedeutet, dass wenn beispielsweise bei Kindern der berufstätige Elternteil verstirbt, nicht nur der Umgang mit Tod und Trauer, sondern auch die finanziellen Auswirkungen und Folgen auf den sozioökonomischen Status Belastungen darstellen können (Wustmann Seiler, 2016, 61).

2.2 Rahmenmodell von Resilienz

Im Rahmenmodell von Kumpfer aus dem Jahr 1999 werden die beschriebenen Modelle (Kap. 2.1.1 bis Kap. 2.1.4) um zusätzliche entwicklungspsychologische Aspekte ergänzt, und die bisher diskutierten Forschungsergebnisse zum Thema Resilienz zusammengefasst. Dies geschieht unter besonderer Berücksichtigung der komplexen Mechanismen und dynamischen Zusammenhänge zwischen den Merkmalen eines Kindes, seiner familiären und sozialen Umwelt und dem Ergebnis bezüglich der Entwicklung der Resilienz (Wustmann Seiler, 2016, 62).

Das Rahmenmodell besteht aus vier Prädiktoren (Faktoren, welche auf die Entwicklung von Resilienz einwirken) und zwei Transaktionsprozessen (wirken zwischen Umwelt und Person). Die Ziffern im Text beziehen sich auf die Darstellung im Modell auf Seite 14.

Der **akute Stressor (1)** löst den Prozess der Resilienz aus und stört das kindliche innere Gleichgewicht. Das erlebte Stressniveau wird durch das Kind mit seiner subjektiven Bewertung bestimmt. Das Kind erlebt den Stress als Herausforderung oder als Bedrohung (Wustmann Seiler, 2016, 62).

Die **Umweltbedingungen (2)** beziehen sich auf die Interaktion risikoerhöhender und risikomindernder Bedingungen in der Lebensumwelt der Kinder. Die Wirkung dieser Risiko- und Schutzbedingungen sind abhängig von den Variablen des Entwicklungsstandes, wobei Alter, Geschlecht, geographischer- sowie soziokultureller Hintergrund mitbestimmend sind (Wustmann Seiler, 2016, 62).

Die **personalen Merkmale, Ressourcen und Resilienzfaktoren (3)** sind Kompetenzen des Kindes, welche bei der Bewältigung von Risikosituationen helfen. Dazu gehören die kognitiven Fähigkeiten, wie emotionale Stabilität, soziale Kompetenzen, körperliche Gesundheitsressourcen und Glaube (Wustmann Seiler, 2016, 62).

Das **Entwicklungsergebnis (4, Anpassung / Fehlanpassung)** zeigt sich im Erhalt der altersentsprechenden kindlichen Entwicklung und in der Abwesenheit psychischer Störungen. Das positive Entwicklungsergebnis, welches sich in einem reislienten Verhalten zeigt, wird als gutes Zeichen für die erfolgreiche Bewältigung zukünftiger Stresssituationen gewertet.

Als Transaktionsprozesse hebt Kumpfer (Wustmann Seiler, 2016, 63) folgende Zusammenhänge hervor:

Das **Zusammenspiel von Person und Umwelt (5)** wird zum Beispiel von den selektiven Wahrnehmungsprozessen oder der Bindung an die sozialen Netzwerke beeinflusst. Durch unterstützende Bezugspersonen wird ein gut verlaufender Anpassungsprozess des Kindes in seiner Umwelt zum Beispiel durch positives Modellverhalten angeregt.

Mit dem **Zusammenspiel von Person und Entwicklungsergebnis (6)** sind die wirkungsvollen und dysfunktionalen Bewältigungsprozesse gemeint. Diese zeigen sich in zunehmenden oder gleichbleibenden Kompetenzen oder in nicht angepassten Reaktionen. Heute ist noch unklar, wie und warum es zu welchen Entwicklungsresultaten kommt. Das ist Gegenstand der Forschung.

Die folgende Abbildung zeigt das von Kumpfer 1999 entwickelte und von Wustmann Seiler modifizierte Rahmenmodell von Resilienz (Wustmann Seiler, 2016, 65):

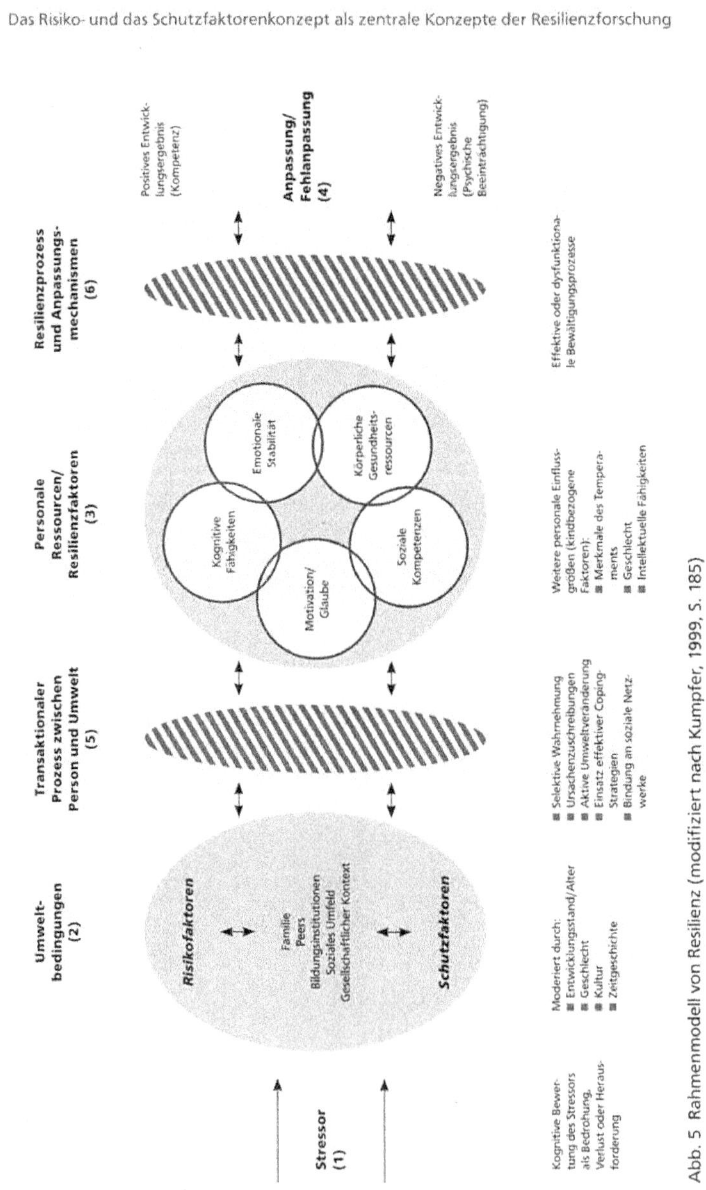

Abb. 1: Rahmenmodell von Resilienz

2.3 Zusammenfassung Resilienzmodelle

Alle diese Modelle nehmen Bezug aufeinander. Die Bewältigung von Herausforderungen kann bei Kindern und Jugendlichen zum Aufbau von Schutzfaktoren führen. Die Entwicklung von Risiko- und Schutzfaktoren beeinflussen sich gegenseitig, heben sich auf oder können sich je nach Situation auch kumulieren. Eine Fehlentwicklung von Resilienz entsteht durch ein unausgeglichenes Verhältnis zwischen Risiko- zu Schutzfaktoren. Entscheidend für eine negative oder positive Beeinflussung des Entwicklungsprozesses von Resilienz ist das Auftreten der Kombination, der Intensität und der Abfolge der Schutz- sowie Risikofaktoren. In der der Entwicklung von Resilienz ist zu beachten, dass die beeinflussenden Faktoren in den vulnerablen Lebensphasen mehr Gewicht haben, als in stabilen Lebensphasen. Im folgenden Kapitel wird das Schutz- sowie das Risikofaktorenkonzept und die konkrete Förderung der jeweiligen Faktoren dargestellt.

2.4 Schutzfaktorenkonzept

Als Gegensatz zu den risikoerhöhenden Faktoren, den so genannten ‚Risikofaktoren', wurde der positiv besetzte Begriff der ‚Schutzfaktoren' konzipiert (Wustmann Seiler, 2016, 44). Schutzfaktoren können in einer problematischen Situation bei einem Kind den Effekt eines Risikos mindern oder beseitigen. Fehlt der Schutzfaktor jedoch, kommt der Risikoeffekt voll zum Tragen. Schutzfaktoren werden als Merkmale beschrieben, welche das Auftreten von psychischen Störungen oder deren negativen Auswirkungen verhindern (Fröhlich-Gildhoff & Rönnau-Böse, 2015, 28). Schutzfaktoren können sich gegenseitig positiv verstärken und eine angemessene Entwicklung der Resilienz eines Kindes fördern (Werner, 2006, 29). Mit einer grösseren Anzahl Schutzfaktoren hat das Kind eher die Möglichkeit einer ausgeprägten Resilienzentwicklung. Die Schutzfaktoren können die Risiken und Belastungen nicht beseitigen, ermöglichen den Betroffenen jedoch einen konstruktiven Umgang mit einer bedrohlichen Situation (Fröhlich-Gildhoff & Rönnau-Böse, 2015, 32). Die Schutzfaktoren zeigen ihre Wirkung erst, wenn Krisen oder Belastungen auftreten. Das Vorkommen multipler Schutzfaktoren kann die Chance einer Anpassung an das Umfeld des Kindes erhöhen und dadurch die Lebensbedingungen erheblich verbessern (Wustmann Seiler, 2016, 47). Schützende Faktoren lassen sich nach Wustmann Seiler (2016, 46) in drei Einflussebenen einordnen:

1. Kindbezogene Schutzfaktoren: Sind personale Schutzfaktoren, welche das Kind von Geburt an aufweist, wie z. Bsp. ein positives Temperament (offen, aktiv, flexibel).

2. Personale Resilienzfaktoren: Faktoren, die das Kind durch Interaktionen mit der Umwelt erwirbt, so z. Bsp. ein positives Selbstwertgefühl oder aktives Bewältigungsverhalten.
3. Soziale Schutzfaktoren: Merkmale, welche innerhalb der Familie und im sozialen Umfeld des Kindes vorkommen. Darunter fallen beispielsweise stabile emotionale Beziehungen.

Die drei Einflussebenen dürfen jedoch nicht isoliert betrachtet werden, da sie immer miteinander verwoben sind und sich gegenseitig beeinflussen. Frick (2011, 206) betont, dass - auch wenn von einzelnen Merkmalen der Schutzfaktoren gesprochen wird - diese im Leben nie isoliert vorkommen, sondern immer in Wechselwirkungen zwischen Individuum, umgebenden Personen und Lebensumständen entstehen.

2.4.1 Personale, kindbezogene Schutzfaktoren (erste Einflussebene)

X

Personale, kindbezogene Faktoren
Positive Temperamentseigenschaften, die soziale Unterstützung und Aufmerksamkeit bei den Betreuungspersonen hervorrufen (flexibel, offen, aktiv)
Intellektuelle Fähigkeiten
Erstgeborenes Kind
Weibliches Geschlecht (in der Kindheit)

Tab. 1: Personale, kindbezogene Faktoren
(Wustmann Seiler, 2016, 115)

Kinder mit ausgeprägten personalen Schutzfaktoren weisen Persönlichkeitsmerkmale auf, die positive Emotionen bei den betreuenden Personen hervorrufen. So werden sie von ihren Müttern oft als aktiv, liebevoll, anschmiegsam, freundlich und pflegeleichte Babys beschrieben. Im Alter von zwei Jahren wirken sie fröhlich, freundlich, aufgeschlossen und gesellig. Dann, im Alter von zehn Jahren, fallen diese Kinder auf wegen ihrer praktischen Problemlösefähigkeit und der Befähigung, stolz auf sich zu sein, und anderen zu helfen (Werner, 2006, 31).

2.4.2 Personale Resilienzfaktoren (zweite Einflussebene)

Wustmann Seiler beschreibt folgende Faktoren als zentrale Resilienzfaktoren:

Resilienzfaktoren
Problemlösefähigkeiten
Selbstwirksamkeitsüberzeugung
Positives Selbstkonzept / Selbstvertrauen/ hohes Selbstwertgefühl
Fähigkeit zur Selbstregulation
Interne Kontrollüberzeugung
Hohe Sozialkompetenz
Aktives und flexibles Bewältigungsverhalten
Sicheres Bindungsverhalten
Lernbegeisterung / schulisches Engagement
Optimistische, zuversichtliche Lebenseinstellung
Religiöser Glaube, Spiritualität
Talent, Interessen, Hobbies
Zielorientierung / Planungskompetenz
Kreativität
Körperliche Gesundheitsressourcen

Tab. 2: Personale Resilienzfaktoren
(Wustmann Seiler, 2016, 115)

Kinder, welche eine gute Resilienz entwickeln können, haben schon von Lebensbeginn an eine enge Bindung mit mindestens einer kompetenten und emotional stabilen Person aufbauen können. Diese Bezugsperson zeichnet sich dadurch aus, dass sie auf die kindlichen Bedürfnisse und Signale sensibel eingeht, und adäquat und feinfühlig reagiert. Diese positiv-emotionale und gleichzeitig stabile und zuverlässige Beziehung ist von grösster Bedeutung (Werner 2006, 32; Wustmann Seiler, 2016, 106). Resiliente Kinder sind besonders geschickt im Rekrutieren von Surrogateltern, wenn die eigenen Eltern emotional nicht verfügbar sind (Werner, 2006, 32). In vielen Forschungsresultaten konnte die zuverlässige Bindung an eine Bezugsperson als zentralstes Merkmal beim Prozess der Resilienzentwicklung nachgewiesen werden (Frick, 2011, 206).

2.4.3 Soziale Schutzfaktoren (dritte Einflussebene)

Werner (2006, 32) schreibt, dass sich resiliente Jugendliche oft an gleichaltrigen oder älteren Personen orientieren. Bei diesen holen sie sich dann in Krisenzeiten Rat. Diese Personen können eine Lehrperson, ein Nachbar, eine Nachbarin oder eine Leiterperson im Sporttraining oder in der Jugendarbeit sein.

Soziale Schutzfaktoren innerhalb der Familie
Mindestens eine stabile Bezugsperson, die Vertrauen und Autonomie fördert
Autoritativer/ demokratischer Erziehungsstil (emotional positives, unterstützendes und strukturierendes Erziehungsverhalten, Feinfühligkeit und Responsivität)
Zusammenarbeit, Stabilität und konstruktive Kommunikation in der Familie
Enge Geschwisterbindung
Angemessene Verpflichtungen der Kinder im Haushalt
Hohes Bildungsniveau der Eltern
Harmonische Beziehung der Eltern
Hoher sozioökonomischer Status
Unterstützendes familiäres Netzwerk
Soziale Schutzfaktoren im sozialen Umfeld und der Schule
Klare, transparente und konsistente Regeln und Strukturen
Wertschätzendes Klima (Wärme, Respekt und Akzeptanz gegenüber dem Kind)
Hoher, aber angenehmer Leistungsstandard
Positive Verstärkung der Leistungen und Anstrengungsbereitschaft des Kindes
Positive Peerkontakte / positive Freundschaftsbeziehungen
Förderung von Basiskompetenzen (Resilienzfaktoren)
Zusammenarbeit mit dem Elternhaus und anderen sozialen Institutionen
Soziale Schutzfaktoren im weiteren sozialen Umfeld
Kompetente und fürsorgliche Erwachsene ausserhalb der Familie, die Vertrauen fördern, Sicherheit vermitteln und als positive Rollenmodelle dienen
Ressourcen auf kommunaler Ebene (Beratungsstellen, Frühförderstellen, Angebote der Familienbildung)
Gute Arbeits- und Beschäftigungsmöglichkeiten
Vorhandensein prosozialer Rollenmodelle, Normen und Werte in der Gesellschaft

Tab. 3: Soziale Schutzfaktoren innerhalb der Familie
(Wustmann Seiler, 2016, 116)

2.5 Risikofaktorenkonzept

Risikofaktoren werden als ein Merkmal beschrieben, welche das Risiko des Auftretens einer psychischen Störung bei belasteten Kindern erhöhen (Laucht, 1999, 303). Das Risikofaktorenkonzept wird als Wahrscheinlichkeitskonzept und nicht als Kausalitätskonzept beschrieben. Das bedeutet, dass das gleichzeitige Auftreten von mehreren Risikofaktoren die Wahrscheinlichkeit einer Entwicklungsgefährdung in Bezug auf die Resilienz vergrössert (Wustmann Seiler, 2016, 36; Frick, 2011, 81). Entscheidend dabei ist die Dauer, die Intensität, das wiederholte Auftreten der Faktoren, sowie die durch das Kind empfundene Belastung (Fröhlich-Gildhoff & Rönnau-Böse, 2015, 23). Risikofaktoren wirken besonders in Entwicklungsübergängen der Kinder und Jugendlichen. Dieser Vorgang ist komplex und wird von mehreren Faktoren, wie der Vulnerabilität des Kindes, beeinflusst. Je jünger das Kind ist, desto gefährdeter ist es für Entwicklungsstörungen. Die subjektive Gewichtung der erlebten, negativen Situationen spielt eine grosse Rolle. Jedes Kind durchlebt in seiner Entwicklung Krisen. Schwerwiegende Krisen jedoch, welche durch ein kritisches Lebensereignis ausgelöst werden, bedrohen die gesunde Entwicklung des Kindes. Die positive Bewältigung einer für das Kind schwierigen Situation stärkt es und die daraus gewonnenen Erfahrungen können später erfolgreich angewendet werden (Krause, 2012b, 21-22).

Es werden zwei Gruppen von Risikofaktoren unterschieden: Vulnerabilitätsfaktoren, welche sich auf biologische und psychologische Eigenschaften des Kindes beziehen (darunter fallen so genannte Defizite, Defekte oder Schwächen des Kindes), und die sozialen und psychosozialen Risikofaktoren, welche auf psychosozialen Merkmalen des Kindes mit Ursprung in der Familie oder im Umfeld des Kindes beruhen (Wustmann Seiler, 2016, 38).

2.5.1 Personale Vulnerabilitätsfaktoren

Primäre Vulnerabilitätsfaktoren
Prä-, peri-, postnatele Faktoren (Frühgeburt, Geburtskomplikation, niedriges Geburtsgewicht)
Neuropsychologische Defizite
Psychophysiologische Faktoren, körperliche Reaktionen auf seelische Zustände (Zum Beispiel niedriges Aktivitätsniveau)
Genetische Faktoren (Chromosomenanomalien)
Chronische Erkrankungen (Asthma, Neurodermitis, Krebs, Herzfehler)
Schwierige Temperamentsmerkmale, frühes impulsives Verhalten, hohe Ablenkbarkeit
Geringe kognitive Fertigkeiten, niedriger Intelligenzquotient, Defizite in der Wahrnehmung und soziale-kognitiven Informationsverarbeitung
Sekundäre Vulnerabilitätsfaktoren
unsichere Bindungsorganisation
geringe Fähigkeit zur Selbstregulation von Anspannung und Entspannnung

Tab. 4: Primäre und sekundäre Vulnerabilitätsfaktoren
(Wustmann Seiler, 2016, 38)

2.5.2 Soziale und psychosoziale Risikofaktoren

Soziale und psychosoziale Risikofaktoren
Niedriger sozioökonomischer Status der Eltern, chronische Armut
Aversives Wohnumfeld (Wohnumfeld mit hohem Kriminalitätsanteil)
Chronische familiäre Disharmonie
Elterliche Trennung oder Scheidung
Wiederheirat eines Elternteiles, häufig wechselnde Partnerschaften der Eltern
Arbeitslosigkeit der Eltern
Alkohol- und Drogenmissbrauch der Eltern
Psychische Erkrankung eines oder beider Elternteile
Kriminalität der Eltern
Obdachlosigkeit
Niedriges Bildungsniveau der Eltern
Abwesenheit eines Elternteiles
Erziehungsdefizite / ungünstige Erziehungspraktiken der Eltern

Tab. 5: Risikofaktoren
(Wustmann Seiler, 2016, 38)

2.6 Wechselwirkung von Risiko- und Schutzfaktoren

Die Wechselwirkung zwischen Risiko und Schutzfaktoren wird folgendermassen beschrieben: Die Faktoren beeinflussen sich gegenseitig in einem komplexen Wirkungsmechanismus. Risikoerhöhende Faktoren führen zu einer Verwundbarkeit des Kindes, vor allem während den Transitionen (Fröhlich-Gildhoff & Rönnau-Böse, 2015, 33). Schützende Faktoren bedeuten nicht das Gegenteil oder das Fehlen von Risikofaktoren. Das Zusammenwirken von Risiko- und Schutzfaktoren ergeben einen Puffereffekt, wobei die Wirkung der Risikofaktoren durch die Schutzfaktoren gedämpft werden. Durch einen Schutzfaktor kann der Risikoeffekt gemindert oder völlig beseitigt werden (Laucht, 1999, 307-308). Fehlt jedoch der Schutzeffekt, kommt der Risikofaktor voll zum Tragen. Anderseits wirken die Schutzfaktoren nur, wenn überhaupt ein Risiko vorhanden ist. Die Schutzfaktoren fördern die Resilienz des Kindes. Je nachdem, wie das Zusammenspiel zwischen Schutz- und Risikofaktoren verläuft, wird die Entwicklung des Kindes geprägt. Sobald eine herausfordernde Situation auftritt, beeinflussen sowohl die Schutz-, als auch die Risikofaktoren die kindliche Entwicklung. Resilienz als auch Vulnerabilität sind keine überdauernden Persönlichkeitseigenschaften. Beide verändern sich im Laufe der Entwicklung und passen sich den vorhandenen Ressourcen sowie den Anforderungen an. Mit der Kumulation von mehreren Risikofaktoren steigt die Wahrscheinlichkeit, dass Kinder vulnerabel werden, was die Entwicklung von resilientem Verhalten negativ beeinflussen kann (Fröhlich-Gildhoff & Rönnau-Böse, 2015, 34). Je mehr Risikofaktoren vorliegen, desto grösser ist der Bedarf an Schutzmechanismen. Dies wurde durch systematische Beobachtungen von Personen mit mehreren sozialen Risiken belegt, welche besonders häufig straffällig wurden (Lösel & Bender, 1999, 43). Wenn die erwähnten Personen jedoch über etliche personale Ressourcen und potentielle Schutzfaktoren verfügen, wird das Risiko, Straftaten zu begehen, gegenüber denjenigen ohne protektive Faktoren deutlich verringert (Lösel & Bender, 1999, 44). Wenn im Alltag in Institutionen das Ungleichgewicht zwischen Risiko- und Schutzfaktoren auffällt, kann dies als Indikator für den Einsatz von resilienzfördernden Programmen genutzt werden (Lösel & Bender, 1999, 52).

2.7 Chancen und Gefahren im Resilienzkonzept

Die Existenz der Schutzfaktoren wird als grosse Faszination beschrieben. Die Vorstellung, dass risikogefährdete Kinder durch das Vorhandensein von genügend Schutzfaktoren ihre Entwicklung unbeschadet überstehen können, ist verlockend. Zudem fördert dieser Gedanke die Idee, dass Risikogruppen durch genügend Anregungen und Präventionsprogramme vor Entwicklungsstörungen bewahrt werden können (Laucht, 1999, 311). Das Konzept der Resilienz wird als einen optimistischen ressourcen- und entwicklungsorientierten Ansatz beschrieben. Dadurch entsteht aber die Gefahr, dass eine rein handlungsorientierte Sichtweise eingenommen wird, die in einem Machbarkeitswahn gipfeln kann. Zudem entsteht das Risiko, dass in den komplexen Prozessen von Wechselwirkungen wesentliche andere Faktoren übersehen werden. Das Kind oder der Jugendliche wird damit allein für die Fehlentscheidung verantwortlich gemacht und muss die Schuld für diese selber tragen. Dem Resilienzkonzept wird grosse Bedeutung zugeschrieben: Es macht klar, dass das Handeln der betreuenden Personen der Kinder und Jugendlichen im persönlichen sowie im schulischen Umfeld dazu dienst, Schwerpunkte in der Förderung zu setzen und das Kind zu unterstützen, aus der Opferrolle auszusteigen. Die heutige Entwicklung in der Gesellschaft wird als sehr stark individuumszentriert mit einer entsolidarisierenden Ideologie wahrgenommen. Die Auswirkung davon ist, dass die Unterstützung des Umfeldes oft wegfällt und Kinder, Jugendliche und Familien somit auf sich alleine gestellt sind. Das Resilienzkonzept bewahrt davor, defizitäre Sichtweisen einzunehmen und hilft dabei, die Kinder zu ermutigen, eine aktive Rolle ihrer eigenen Entwicklung und eine offenere und positivere Haltung sich selber gegenüber einzunehmen (Frick, 2011, 212-213).

2.8 Zusammenfassung

Die Wirkung der Faktoren aller Kategorien- personale, kindbezogene Schutzfaktoren, personale Resilienzfaktoren und sozialen Schutzfaktoren- müssen im Kontext der Kinder gesehen werden (Wustmann Seiler, 2016, 46). Die Schutzfaktoren können in problematischen Situationen die Auswirkung eines Risikos zur Entwicklung von Resilienz mindern oder beseitigen. Eine so genannt ‚glückliche' Lebensgeschichte wird von mehreren Elementen über eine längere Zeitdauer geprägt. In der empirischen Forschung wird davon ausgegangen, dass schützende Faktoren kumulativ besonders intensiv wirken und sich gegenseitig verstärken (Frick, 2011, 209). Im Weiteren wurde das Konzept der Risikofaktoren konstruiert (Wustmann Seiler, 2016, 40). Darin können die gleichzeitig und über längere Dauer auftretenden Risikofaktoren eine Entwicklungsgefährdung beim Kind bedeuten. Diese Faktoren können in ‚personale Vulnerabilitätsfaktoren' (biologische Faktoren), und in ‚soziale und psychosoziale Risikofaktoren' (Umfeld des Kindes) eingeteilt werden . Sie treten selten isoliert auf und sind oft ein Indikator für das Zusammentreffen von Risiken im Leben des Kindes (Wustmann Seiler, 2016, 38). Im Laufe der Entwicklung durchleben Kinder immer wieder Phasen, in welchen sie ‚anfälliger' für risikoerhöhende Faktoren sind (Fröhlich-Gildhoff & Rönnau-Böse, 2015, 25). Die höchste Vulnerabilität besteht in Transitionen. Treten während dieser Zeit risikoerhöhende Situationen auf, steigt die Wahrscheinlichkeit einer unangepassten Entwicklung oder der Entstehung einer psychischen Störung (Krause, 2012b, 21).

2.9 Fazit für den Unterricht

Die Modelle bezüglich der Resilienzentwicklung gehen von einer Wechselwirkung zwischen Risiko- und Schutzfaktoren aus. Das Umfeld, in welchem die Kinder aufwachsen und die Zeitdauer der Einwirkung der Faktoren haben eine entscheidende Bedeutung auf die Beeinflussung der psychischen Entwicklung. Das Verständnis von Resilienz bezieht sich in diesem Rahmen auf das Bewältigen von belastenden Alltagssituationen und prägenden Erziehungssituationen. Resilienz wird nicht als Persönlichkeitsmerkmal angeboren. Resilienz wird auf der Basis der bio-psychosozialen Faktoren im Leben eines Kindes entwickelt. Kinder mit gut entwickelter Resilienz können belastende und schwierige Situationen als Herausforderung und nicht als unüberwindbares Hindernis erleben.

Von Lehrpersonen, Heilpädagogen und Heilpädagoginnen, die speziell bei Eintritt in den Zyklus 1 und im Übergang zum Zyklus 2 arbeiten, wird Achtsamkeit im Umgang mit Kindern gefordert. Denn sie sind in Transitionen besonders verletzlich und der sorgsame Umgang mit Fördermöglichkeiten ist zu beachten. Spezielle Bedeutung hat der Schutzfaktor einer stabilen Beziehung zu einer Bezugsperson, welche oft auch eine Heilpädagogin, ein Heilpädagoge oder eine Lehrperson sein kann. Weiter ist das Einhalten von konsistenten Regeln im Schulalltag, klare Strukturen in den Abläufen sowie die soziale und emotionale Unterstützung schon im Kindergartenalltag wichtig. Umgang mit Freundschaftsbeziehungen und das Einbinden der Kinder in den Schulalltag mit verantwortungsvollen Aufgaben kann die positive Entwicklung ebenso unterstützen. Wichtig ist zu beachten, dass sich Risiko- und Schutzfaktoren nicht gegenseitig aufheben können. Das Kind befindet sich in einem dynamischen und multidimensionalen Prozess. Wechselwirkungen zwischen den Faktoren, welche das Kind mitbringt und seinem Umfeld, beeinflussen sich gegenseitig. Biologische und genetische Faktoren können dabei die Entwicklung der Resilienz fördern oder hindern. Das Konzept der Resilienz ist ein ressourcen- und entwicklungsorientiertes Modell. Es fokussiert auf die positive Veränderung der Kinder. Heute ist die Entwicklung der Resilienz als ein prozesshafter und veränderlicher Vorgang anerkannt.

3 Resilienzforschung

Im folgenden Kapitel wird kurz auf die Entstehung der Resilienzforschung eingegangen und die für diese Arbeit bedeutendsten Forschungen werden beschrieben. Dazu gehört die Kauai-Längsschnittstudie von Emmy Werner (1955-1995), die Mannheimer-Risikostudie (1986-1999) von Manfred Laucht und seinem Team, die Bielefelder Invulnerabilitätsstudie (Anfang der 1990 Jahre) von Friedrich Lösel und seinem Team und die BELLA-Studie (2003-2012), welche in Deutschland durchgeführt wurde.

3.1 Entstehung der Resilienzforschung

In den 1970-er Jahren wurden in Deutschland Studien zur Psychopathologie von Kindern psychisch kranker Eltern gemacht. Die damals überraschenden Befunde zeigten, dass sich Kinder trotz Risiken und Schwierigkeiten gesund entwickeln konnten. Das war nach Bengel et al. (2009, 15) der Anfang der Resilienzforschung. Somit kann heute auf eine 50-jährige Geschichte der Resilienzforschung zurückgeblickt werden. Rönnau-Böse & Fröhlich-Gildhoff (2015, 9) beschreiben vier thematische Schwerpunkte in der Geschichte der Resilienzforschung: In der ersten Phase (Bengel et al., 2009, 15) wurde das Gewicht der Analyse von günstigen Entwicklungsverläufen unter risikoreichen Bedingungen untersucht. Dadurch wurde die enorme Bedeutung der Prävention und Behandlung von Problemen ersichtlich. Zudem wurden zu dieser Zeit die Begriffe der Vulnerabilität, wie der Risiko- und Schutzfaktoren definiert. Es zeigte sich damals, dass Kinder in ihrer Entwicklung Phasen mit unterschiedlicher Vulnerabilität durchlaufen (Bengel et al., 2009, 15). In der zweiten Phase standen der Prozess die spezifischen Wirkungsmechanismen auf die Entwicklung der Resilienz im Fokus (Rönnau-Böse & Fröhlich-Gildhoff, 2015, 9; Bengel et al., 2009, 16). Faktoren aus dem Umfeld wie der sozioökonomische Status oder der Einbezug der sozialen Netzwerke wurden erfasst. Biologische, soziale und kulturelle Prozesse wurden in die bestehenden Modelle integriert. Die Dynamik von Resilienz im Leben eines Kindes wurde deutlich: Zu einem gewissen Zeitpunkt kann das Kind resilient sein, jedoch in einem anderen Umfeld zu einem anderen Zeitpunkt psychisch deutlich weniger stabil wirken. In der dritten Phase der Resilienzforschung wurde die zentrale Bedeutung der Entwicklung von Präventionsmassnahmen beschrieben (Rönnau-Böse & Fröhlich-Gildhoff, 2015, 9). Während dieser Zeit wurden resilienzfördernde Massnahmen und theoriegeleitete Interventionen angewendet und überprüft (Bengel et al., 2009, 17).

Im der vierten Phase stand die Entwicklung von Mehr-Ebenen-Modellen und die Erforschung deren Einflussfaktoren im Zentrum. Seit Beginn der Resilienzforschung wurden 19 Längsschnittstudien in den Ländern und Kontinenten der USA, Neuseeland, Australien und Europa verfasst (Rönnau-Böse & Fröhlich-Gildhoff, 2015, 9).

3.2 Kauai-Längsschnittstudie (1955-1995)

In der Kauai-Längsschnittstudie haben Emmy E. Werner und Ruth S. Smith über vierzig Jahre hinweg 698 Kinder auf der hawaiianischen Insel Kauai beobachtet (Wustmann Seiler, 2016, 87). Der gesamte Geburtsjahrgang von 1955 wurde dabei begleitet. Von den Kindern wurden bestimmte Daten im Alter von 1, 2, 10, 18, 32 und 40 Jahren erhoben. Einerseits wurde mit Erhebungsinstrumenten wie Interviews und anderseits mit Informationen von Sozialdiensten und Behörden gearbeitet. Die Probanden wurden während den letzten drei Interviews bezüglich ihrer Lebenssichtweise befragt. Nach Bengel et al. (2009, 33) waren 30% der Kinder mindestens den folgenden vier Risikofaktoren ausgesetzt: Chronischer Armut, Komplikationen während der Geburt, psychischen Erkrankungen der Eltern oder schwierigen Familienverhältnisse. Zwei Drittel dieser Hochrisikokinder zeigten schwere Lern- und Verhaltensstörungen. Der restliche Drittel entwickelte sich zu zuversichtlichen, selbstsicheren und leistungsfähigen Erwachsenen (Wustmann Seiler, 2016, 87). Diese Gruppe zeigte eine vergleichsweise niedrige Rate an Todesfällen, Gesundheitsproblemen, Scheidungen oder sozialen Schwierigkeiten, obwohl in den Lebensläufen ökonomische Belastungen vorkamen (Siegrist, 2010, 33). Nach 40 Jahren Untersuchung konnten protektive Merkmale und Faktoren festgestellt werden: günstige Temperamenteigenschaften, schulische Leistungsfähigkeit, Kommunikations- und Problemlösungsfähigkeit, Autonomie, Selbstvertrauen, gelebter Glaube, sowie externe Unterstützungssysteme. Im Erwachsenenalter fanden sich positive Wendepunkte wie Heirat, Geburt des ersten Kindes, Weiterbildungsangebote, Hinwendung zum Glauben oder Eintritt in den Militärdienst, welche die günstige Entwicklung unterstützten. Zudem konnten schützende Faktoren herauskristallisiert werden. Im Alter von 18 Jahren konnte bei einer höheren Intelligenz und Leistungsfähigkeit in der Grundschule die Unterstützung von Lehrpersonen, Peers oder Familienmitgliedern ein höheres Selbstwertgefühl und Selbstwirksamkeitsüberzeugung nachgewiesen werden. Es wurde gezeigt, dass Eltern mit höherer Schulbildung förderlicher mit ihren Kindern in den ersten zwei Lebensjahren agierten. Dadurch wurde die Entwicklung zu mehr Autonomie und sozialer Reife gefördert. Die Kinder lernten bessere Kommunikations- und Problemlösefähigkeiten. Sie fehlten weniger in der Schule und erbrachten dort bessere Leistungen. Zudem suchten die resilienten Probanden proaktiv nach der Schulzeit ein Umfeld auf, in dem sie sich weiterentwickeln konnten (Wustmann Seiler, 2016, 87).

3.3 Mannheimer-Risikostudie (1986-1999)

Manfred Laucht (2012, 55) hat in Deutschland mit seinem Team 362 Kinder mit den Jahrgängen 1986 bis 1988 von Geburt an in ihrer Entwicklung begleitet. In die Studie wurden nur Kinder mit organischen Risiken (leichte bis schwere vor- und nachgeburtliche Komplikationen) oder mit psychosozialen Belastungen (ungünstige familiäre Verhältnisse) aufgenommen. Die Erhebungen wurden im Alter von 3 Monaten, 2, 4.5, 8 und 11 Jahren durchgeführt. Die Kriterien zur Aufnahme in die Studie wurden beschränkt auf die genannten organischen Risiken und psychosozialen Belastungen. Die Probanden wurden in verschiedene Stichproben eingeteilt und die Risiken wurden für die Studie vollständig miteinander kombiniert (Laucht, 2003, 56). Nach Bengel (2009, 35) wurden als Schutzfaktoren, die frühen Mutter-Kind-Beziehung als auch das familiäre Umfeld der Kinder untersucht. Die Studie zeigte die langfristige Bedeutung früherer Belastungen für die kindliche Entwicklung auf (Wustmann Seiler, 2016, 90). Dies betraf die organischen und psychosozialen Risiken, welche bis zur Grundschule ständig nachweisbar waren. Diese Kinder wiesen dreimal öfters Entwicklungsbeeinträchtigungen auf, als Kinder ohne die beobachteten Risikofaktoren. Damit wurde gezeigt, dass Kinder mit psychosozialen und organischen Risiken durch die Kumulation dieser Faktoren die ungünstigste Entwicklungsprognose aller haben. Zudem wurde während der Studie deutlich, dass durch die Beobachtung und Auswertung der zehnminütigen Wickel- und Spielsituation die Qualität der Mutter-Kind-Dyade beurteilt werden kann. Das Resultat der Studie bestätigte, dass sich das positive Mutterverhalten als wichtigster Schutzfaktor bei Kindern aus psychosozial benachteiligter Umgebung erweist.

3.4 Bielefelder Invulnerabilitätsstudie (Anfang 1990er Jahre)

Die Bielefelder Invulnerabilitätsstudie, welche von Friedrich Lösel und seinem Team durchgeführt wurde, basierte auf einem ‚Zweier-Gruppen-Design'. Die Jugendlichen wurden in Heimen rekrutiert und brachten personale und soziale Risikofaktoren mit (Kap. 2.5.1 und Kap. 2.5.2). Die eine Gruppe bestand aus Jugendlichen, die als psychosozial gesund und als resilient galten. Die andere Gruppe aus

Jugendlichen aus einem ‚Hochrisiko-Umfeld', die durch aggressives und delinquentes Verhalten auffielen (Bengel et al., 2009, 28-29). Das Ziel der Studie von Laucht und seinem Team war, das Vorkommen von resilientem Verhalten unter Bedingungen eines hohen Entwicklungsrisikos ausserhalb der Familie und psychosozialen Schutzfaktoren zu überprüfen. Wustmann Seiler (2016, 94) folgerte aus den Ergebnissen der Studie, dass resiliente Jugendliche über personale Schutzfaktoren verfügen. Diese können ein flexibleres und weniger impulsives Temperament und ein positives Selbstbild, und als Folge dessen eine höhere Leistungsmotivation und bessere Leistungen in der Schule erbringen. Resiliente Jugendliche zeichnen sich auch durch realistischere Zukunftsperspektiven aus. Sie erscheinen weniger hilflos, setzten sich mit Situationen aktiv auseinander und vertrauen auf ihre Kräfte. Die sozialen Schutzfaktoren konnten sich in einer festen Beziehung zu einer verlässlichen Bezugsperson ausserhalb der belasteten Familie zeigen. In deren Nähe erlebten die Jugendlichen emotionale Wärme und Empathie, hohe Strukturiertheit und klare Verhaltensregeln in der Erziehung. Sie konnten sich an Rollenvorbildern für eine konstruktive Bewältigung von Problemen orientieren. Dabei halfen religiöse Ausrichtung sowie die Pflichtübernahmen im Alltag (Wustmann Selier, 2016, 94).

3.5 BELLA-Studie (2003-2012)

Die BELLA-Studie (**BE**fragung zum see**L**ischen Woh**L**befinden und Verh**A**lten) ist eine Untersuchung des deutschen Kinder- und Jugendgesundheitssurveys KiGGS zur Gesundheit von Kindern und Jugendlichen. Sie wurde in Deutschland bundesweit durchgeführt (Bengel et al., 2009, 43). Die BELLA-Studie ermöglichte aktuelle Angaben zur Häufigkeit der untersuchten psychischen Auffälligkeiten und zur detaillierten Beschreibung von Risikogruppen. Im Längsschnitt lieferte sie Aufschlüsse über die Beeinflussung der Risiko- und Schutzfaktoren und über die Entstehung und Entwicklung psychischer Auffälligkeiten (Bengel et al., 2009, 44). Das Ziel der Bella-Studie ist die Untersuchung von Auftretenswahrscheinlichkeiten und Entwicklungsverläufen von psychischen Störungen bei Kindern und Jugendlichen in Deutschland (Ravens-Sieberer at al., 2007, 871). Dabei wurden individuelle, familiäre und soziale Risiko- und Schutzfaktoren als Determinanten der psychischen Gesundheit untersucht. Zur Stichprobe zählten 2863 Familien mit Kindern von 7-17 Jahren, welche zum seelischen Wohlbefinden und zum Verhalten befragt wurden. Nach dem Erheben der Basisdaten zwischen 2003-2006 wurden zusätzliche Erhebungen (2004-2007, 2005-2008, 2009-2012, 2014-2016) durchgeführt

(Ravens-Sieberer at al., 2007, 873). In den Ergebnissen wurde deutlich, dass 22% der Kinder und Jugendliche Zeichen von psychischen Auffälligkeiten zeigten. Ängste, Störungen des Sozialverhaltens, ADHS und Depressionen traten am häufigsten auf. Die bedeutendsten Risikofaktoren zeigten sich im niedrigen sozioökonomischen Status und in einem ungünstigen familiären Klima. Deutlich wurde auch, dass bei psychisch unauffälligen Kindern und Jugendlichen die personalen, familiären und sozialen Ressourcen vorhanden waren und eine schützende Wirkung hatten. Die Autoren formulierten als zentrale Schlussfolgerung der Studie, dass die Berücksichtigung und Stärkung der vorhandenen Ressourcen wichtige Ziele der Präventions- und Interventionsmassnahmen sein müssen (Ravens-Sieberer at al., 2007, 873).

3.6 Zusammenfassung der empirischen Studien

In der folgenden Tabelle werden die Schutzfaktoren der in dieser Arbeit beschriebenen vier empirischen Studien zusammengefasst (Bengel et al., 2009, 45).

Kauai-Studie (Werner 1993; Werner & Smith 2001)	**Mannheimer Risiko- kinderstudie** (Laucht et al. 1998)	**Bielefelder Invulne- rabilitätsstudie** (Lösel & Bender 1994)	**BELLA-Studie** (Bettge & Ravens-Sieberer 2005; Ravens-Sieberer et al. 2003)
Personale Ressourcen: - Positive soziale Orientierung - Aktives Explorationsverhalten - Gute sprachliche und motorische Entwicklung - Gute Problemlöse- und Lesefähigkeiten - Vielseitige Interessen - Günstiger Einsatz persönlicher Ressourcen - Selbstvertrauen - Internale Kontrollüberzeugungen - Glaube an die Sinnhaftigkeit des Lebens	**Personale Ressourcen:** - Nicht erfasst (Kinder mit drei Monaten zu jung zur Erfassung von Kompetenzen)	**Personale Ressourcen:** - Flexibilität und Annäherungsorientierung - Tendenziell höhere Intelligenz - Positives Selbstkonzept - Seltene Hilflosigkeitsgefühle - Ausgeprägte Selbstwirksamkeitserwartungen - Leistungsmotivation - Gute schulische Leistungen - Aktives Bewältigungsverhalten - Psychische Akzeptanz der institutionellen Situation - Realistisches Zukunftsbild	**Personale Ressourcen:** - Kohärenzsinn - Positives Selbstkonzept - Optimismus - Selbstwirksamkeit
Soziale und familiäre Ressourcen: - Familien mit weniger als vier Kindern und nicht zu engem Geburtsabstand - Einfühlsamer Erziehungsstil der Mutter - Höheres Bildungsniveau der Mutter - Gutes Auskommen mit Mitschülern/Mitschülerinnen - Soziale Fertigkeiten - Enge Beziehung zu unterstützenden Erwachsenen außerhalb der Familie	**Soziale und familiäre Ressourcen:** - Positive Mutter-Kind-Beziehung – Positive familiäre Umwelt des Kindes (positive Ausprägungen in folgenden Bereichen): 1.Psychische Gesundheit, Bildungsniveau und Bewältigungsfähigkeiten der Eltern 2.Elterliche Partnerschaftsqualität 3.Elternverhalten und -erleben der Schwangerschaft und Geburt 4.Emotionale Bindung zum Kind 5.Soziale Situation und Unterstützung; Materielle Lebenssituation	**Soziale und familiäre Ressourcen:** - Familiäre Ressourcen nicht erfasst (wegen Heimunterbringung der Studienteilnehmerinnen und -teil- nehmer) - Vorhandensein einer festen emotionalen Bezugsperson ausserhalb der Kernfamilie - Grösseres soziales Netzwerk - Höhere Zufriedenheit mit der erfahrenen sozialen Unterstützung - Erleben des Erziehungsklimas im Heim als sozial-emotional günstig	**Soziale und familiäre Ressourcen:** - Positives Familienklima - Elterliche Unterstützung - Soziale Unterstützung - Positives Schulklima - Soziale Kompetenz

Tab. 6: Zusammenstellung Schutzfaktoren der empirischen Studien

3.7 Fazit

Aufgrund des heutigen Standes der Forschung gilt die Existenz des Phänomens von ‚Resilienz' als empirisch bestätigt. Dieses kann an sich jedoch weder direkt erforscht noch nachgewiesen werden. Beobachtbar sind nur die Risiko- und Schutzfaktoren. Ein wichtiger Meilenstein in der Forschung war das Definieren der Begrifflichkeiten im Zusammenhang mit resilientem Verhalten.

In der ersten Zeit der Forschung haben sich die Forschenden auf das Auftreten von Risiko- und Schutzfaktoren beschränkt. Heute ist jedoch unumstritten, dass es sich beim Phänomen ‚Resilienz' um einen komplexen Prozess mit vielen Einflussfaktoren handelt.

Durch das entstandene Grundlagenwissen in der Forschung können Massnahmen zur Unterstützung der Entwicklung der Resilienz eingesetzt werden. In Institutionen können dem Alter entsprechende und entwicklungsstufenangepasste Programme eingesetzt werden, wo sie am besten greifen. Kindertagesstätte, speziell aber auch die obligatorische Volksschule, bietet sich an, um resilienzfördernde Massnahmen umzusetzen. Durch das Schulobligatorium kommen alle Kinder zur Schule und werden in unserer Gesellschaft systematisch erreicht. Heilpädagoginnen, Heilpädagogen und Lehrpersonen beobachten und erleben die Kinder im Alltag. Dabei können die Schülerinnen und Schüler im Schulalltag unterstützt werden. Ein weiterer grosser Vorteil des Schulsystems ist die kontinuierliche Beziehung zwischen den Heilpädagoginnen und Heilpädagogen sowie Lehrpersonen. Dies ist eine gute Ausgangslage, um mit den Schülerinnen und Schülern eine stabile Beziehung aufzubauen. Dabei ist Fingerspitzengefühl und Fachwissen zur Beobachtung der Entwicklung und eventuellen Auffälligkeiten in der Entwicklung Voraussetzung. Zudem ist ein Interesse an der Biographie der Schülerinnen und Schüler unumgänglich. Nur so kann der Prozess der Entwicklung zu resilientem Verhalten effektiv unterstützt werden.

4 Märchen

„Die Hauptfigur im Märchen hat die Aufgabe, das Ungleichgeweicht wieder in Ordnung zu bringen“ (Hilty, 2008, 9).

Dieses Zitat kann als Zusammenfassung des Kapitels angesehen werden. Nach der Klärung des Begriffes ‚Märchen‘ und dem Aufzeigen dessen geschichtlichen Spuren liegt der Fokus auf der Darstellung der Merkmale eines Märchens. Weiter wird auf den Begriff der Zaubermärchen eingegangen, da diese in der Resilienzförderung eine tragende Rolle spielen. Am Schluss des Kapitels werden die Märchen der Gebrüder Grimm mit ihren Merkmalen dargestellt.

4.1 Märchen: eine Begriffsklärung

Wragge-Lange (2003, 182) beschreibt die Bedeutungen des Wortes ‚Märchen‘ als Erzählgut für Kinder mit zauberhaftem, zumeist mit unwahrscheinlichem Inhalt. Das Wort ist aus dem mittelhochdeutschen Wort ‚maere‘ abgeleitet und bedeutet ‚bekannt‘. ‚Mär‘ wird als kleine, kurze Erzählung, als Gerücht oder als Lügengeschichte umschrieben. Als gegen Ende des 18. Jahrhunderts die Volksmärchen eine immer grössere Bedeutung erlangten, veränderte sich der Inhalt des Begriffs Märchen. Nach dieser Zeit wurde es als eine phantastische, mündlich überlieferte Geschichte beschrieben (Lange, 2012, 7). Fürst, Helbig & Schmitt (2000, 42) deuten die Entstehung der Märchen als Signale der Hoffnung. Durch diese Geschichten hofften Angehörige der Unterschicht auf wundersame, verdiente Befreiung aus der Unterdrückung. Wragge-Lange (2003, 182) nennt ‚Zauber‘, ‚Wunder‘ und ‚übernatürliche Erscheinungen‘ als die drei Merkmale, welche zu einem Märchen gehören. Durch diese Merkmale hebt sich die Handlung im Märchen deutlich von der problemorientieren und realistischen Welt ab (Wragge-Lange, 2003, 183). Nach Fürst, Helbig & Schmitt (2000, 41) spielen Märchen in einer Zeit, ‚als das Wünschen noch etwas geholfen hat‘.

Die Handlungen in den Märchen vollziehen sich ohne raumzeitliche Festlegung. Übernatürliche Fähigkeiten und fantastische Wesen wie Hexen, Zauberer, Feen, Zwerge, Riesen, Drachen, sprechende Tieren oder verwunschene Menschen spielen eine zentrale Rolle. In diesem Umfeld vollbringt der Protagonist, die Portagonistin die entscheidenden Taten im Kampf von Gut gegen Böse. Lutz betont (2016, 88), dass der sich wiederholende Ablauf im Märchen eine Eigenschaft dieser Literaturform ist. Am Ende sind die Gefahren heil überstanden und alle Beteiligten sind glücklich. Die Prozesse von Wandlungen und Veränderungen stehen im Märchen im Vordergrund. Konfliktsituationen wie Trennung, Ablösung, Autonomie und die damit verbundenen Ängste und Unsicherheiten werden thematisiert (Wragge-Lange,184, 2003). Bettelheim (2017, 16) betont, dass das Märchen inhaltlich vermittelt, dass jeder Mensch im Leben Erfolg haben kann. Aufgrund der sprachlichen Gestaltung geschehen Märchen nirgendwo und gleichzeitig überall. Durch Formeln wie „Es war einmal...." werden sie allgemeingültig (Lutz, 2016, 89). Nach Fürst, Helbig & Schmitt (2000, 41) gibt es Zustände, welche so einfach und natürlich sind, dass sie überall wiederkehren könnten. Das gilt als Erklärung, warum in verschiedenen Ländern dieselben oder ähnliche Märchen entstanden sind. Märchen werden oft als eine auf einfache Struktur reduzierte Wirklichkeit beschrieben.

Strukturmerkmale von Märchen werden folgendermassen beschrieben (Wragge-Lange, 2003; 182; Fürst, Helbig & Schmitt, 2000, 42):

Eindimensionalität	Zauberhaftes, Übernatürliches und Wunderbares werden wie erfahrbare Realität hingenommen und nicht von dieser unterschieden. Die wirkliche und unwirkliche Welt gehen nahtlos ineinander über.
Flächenhaftigkeit	Märchenfiguren werden ohne Darstellung des Innenlebens geschildert. Sie werden durch Äusserlichkeiten beschrieben wie ‚schön', ‚gut' und ‚edel'. Es gibt kaum Zwischentöne. Das Volksmärchen ist weder an einen Ort noch an eine bestimmte Zeit gebunden. Durch die Formel ‚es war einmal...' wird dem Kind eine symbolhafte Geschichte angeboten, die es mit seiner Fantasie füllen kann.
Abstrakter Stil	Personen werden als Typen eingeführt, nicht als Individuen. Zum Beispiel dient der König als Repräsentant einer Gemeinschaft oder der junge Königssohn als Beispiel für die Nöte von Jungen.
Isolation und Allverbundenheit	Der Held oder die Heldin im Märchen ist oft isoliert dargestellt. Er ist häufig das einzige, oder das jüngste Kind, wird unterschätzt und benachteiligt. Der Held oder die Heldin verlässt oft alleine den geschützten Raum, um notwendige Entwicklungen zu vollziehen. Er /sie wird von einer höheren Macht gelenkt. Wenn die Helden allein gelassen sind, machen sie die nötigen Entwicklungsschritte. Der Märchenheld, die Heldin ist isoliert, aber trotzdem beziehungsfähig. Er ist auf Hilfe angewiesen und empfängt diese auch wirklich. Er / sie tritt mühelos von der ‚Unterwelt' wieder in die reale Welt. Isolation ist Voraussetzung für die Beziehungsfähigkeit und macht den Märchenhelden, Heldinnen potentiell allverbunden.
Polarität	Personen, Charaktere und Situationen werden in Märchen stark polarisiert. Sie stehen für vollkommene Schönheit oder absolute Hässlichkeit.

Formelhaftigkeit	Eingangsformeln wie ‚es war einmal...' oder ‚Und wenn sie nicht gestorben sind ....' führen in andere Realitäten und auch wieder aus ihnen heraus. Die rituellen Erzählformen bieten Sicherheit und Vertrautheit.
Dreizahl	Die Dreizahl bezieht sich auf die Erzählstruktur, die Handlungen (drei Wünsche) sowie die handelnden Personen (drei Töchter). Diese Wiederholungen verleihen dem Märchen Rhythmus und Spannung.

Tab. 7: Strukturmerkmale von Märchen

Im Volksmärchen stehen immer zwei Helden oder Heldinnen im Mittelpunkt, welche als ‚gut' und ‚böse' unterschieden werden und so die Identifikation für die Zuhörenden erleichtert (Wilkes, 2012, 108). Die Märchen beschönigen nicht. Sie stellen Ängste, Wünsche und Hoffnungen des Kindes in den Vordergrund. Dazu gehören die immer wieder kehrenden Ängste verlassen zu werden, oder die Angst vor dem Tod. Zu den festen Bestandteilen der Handlungen gehört auch der Wunsch, geliebt und anerkannt zu werden oder die Hoffnung, einen geliebten Menschen für sich gewinnen zu können. Die Themen in den Märchen wiederholen sich immer wieder: Geburt und Tod, die Beziehung zu den Eltern, diese verlieren oder verlassen, einen Partner oder Partnerin im Leben finden oder diese verlieren, Liebe und Hass, Hingabe und Verweigerung, Misserfolg und Erfolg, Missachtung und Anerkennung, jung sein und alt werden (Knoch, 2012, 121).

Auch die Grundstruktur ist in Märchen immer gleich. Ausgangslage ist meist eine so genannte Mangelsituation, die Handlung treibt dann zur Lösung dieser Situation und auf den Höhepunkt zu und führt schliesslich immer zu einem guten Ende. Der gute Ausgang wird in der Regel durch eine Polarisierung von Gut und Böse vorbereitet, wobei im Laufe der wunderbaren Handlung das Gute obsiegt. Diese Grundform ist relativ leicht erfassbar und kann dadurch auch von kleinen Kindern in unterschiedlichen Entwicklungsphasen problemlos verstanden werden. In Märchen wird vor allem mit Symbolen und Bildern gearbeitet, deren Bedeutung zusammen mit der Persönlichkeitskonstellation des Protagonisten und der Protagonistin der Handlungen eine Bedeutung geben (Wragge-Lange, 186, 2003).

Die Märchen sind eine bedeutungsvolle, literarische Gattung. Darum steht der Schule die wichtige Aufgabe zu, die Märchen zu pflegen und am Leben zu erhalten (Wragge-Lange, 2003, 26). Wilkes (2008, 107) schreibt, dass die Volksmärchen von Generation zu Generation wie Flusskiesel weitergegeben werden und dabei die Form immer etwas verändert wird. Jedoch bleibt die klare und anschauliche Sprache unverändert und wirkt nie abstrakt oder interpretativ. Die Zuhörenden geben der Erzählung mit seinen Phantasiebildern die individuelle Prägung (Wilkes, 2008,107). Diese sind abhängig vom Alter, dem Geschlecht, von inneren Konflikten, Ängsten, Hoffnungen und Wünschen. Diese Wirkung kann beim Volksmärchen nur durch die konkrete und anschauliche Vorlage entstehen, welche nicht zu detailliert sein darf. Eine zu ausführliche Sprache würde die Entstehung von inneren Bildern einschränken. Knoch (2012, 121) erklärt in diesem Zusammenhang die Bedeutung des Wortes ‚erzählen': Eines wird ans andere gereiht, aufgezählt - bei jeder Erzählung auf eine neue Art und Weise.

4.2 Zaubermärchen

Als Merkmale der Zaubermärchen werden Wunder und Wandlungen genannt. Die Geschichten beginnen und enden immer in der diesseitigen Welt. Zwischen dem Anfang und dem Ende liegt oft eine lange Reise durch die Zauber- oder jenseitige Welt. Auf dem Weg durch die Zauberwelt begegnen die Protagonisten oder Protagonistinnen Helfertieren oder weisen Menschen. Sie werden oft von Sonne, Mond und Sternen beschenkt. Aber sie treffen auch den Teufel, Menschenfresser, den verschlingenden Wolf und Riesen. Alle diese Figuren stehen für die Kraft des Unbewussten, dem wir unterworfen sind. Die bedrohlichen Mächte sollen überwunden oder erlöst werden. Weil die Hauptfigur im Märchen die Herausforderung annimmt, gelangt sie zum Glück oder zum Königreich. Sie erhält dabei Hilfe von unterstützenden Kräften (Hilty, 2008, 11-12).

Die Zauberwelt mit ihrem Geschehen ist uns im Märchen ebenso vertraut wie die reale Welt. Bei Frau Holle begegnen wir einer Blumenwiese, einem Apfelbaum, einem Backofen und einer Bettdecke. Aber die Gesetzmässigkeiten zu unserer Welt unterscheiden sich: Apfel und Brote sprechen und aus den Federn wird Schnee. Oft ist der Eingang in die Zauberwelt an der Grenze von Kultur und Natur: Im Wald, am Meeresufer, beim Brunnen oder der Quelle.

In Zaubermärchen wird durch eine Kraft aus der Zauberwelt belohnt und bestraft. Die Figuren der Zauberwelt symbolisieren ein Wissen von grösseren Zusammenhängen.

In Zaubermärchen beherrscht zu Beginn des Märchens eine böse Macht das Geschehen mit Unfruchtbarkeit, Krankheit, Hunger, Armut, Neid und Eifersucht. Personifiziert werden solche Mächte durch Figuren wie Stiefmutter, falsche Braut, Hexe, Drache, Wolf oder Teufel. Beim Lesen entsteht der Eindruck, dass sich eine Macht gegen das Leben richtet. Sie symbolisieren Schwierigkeiten bei der

Loslösung aus der Symbiose mit der Mutter und die Hindernisse, die während des natürlichen Reifungsprozesses überwunden werden müssen (Hilty, 2008, 15).

Die symbolische Todeserfahrung in solchen Märchen ist sehr unterschiedlich gestaltet. In den im Kapitel 6 analysierten Märchen wird das Rotkäppchen vom Wolf verschlungen, das Schneewittchen liegt in einem gläsernen Sarg und die Stieftochter im Märchen von Frau Holle erwacht nach dem Sprung in den Brunnen auf einer Blumenwiese.

Nach der ‚Not-Wende-Zeit' schreibt Hilty (2008, 18) den Hauptpersonen die Aufgabe zu, die richtige Ordnung herzustellen. Danach kann das Königreich mit Weisheit regiert werden. Die Erneuerung des Königreiches kommt dabei immer von ‚unten'. Von der Jüngsten, von der Magd, vom ‚Dummling'. Diese sind mit der Zauberwelt verbunden, verstehen die Sprache der Tiere und erfahren oft deren Hilfe. Kinder erleben die Märchen als echt und das Geschehen als natürlich, jedoch für erwachsene Menschen wirken sie oft unwirklich. Kinder bringen die Fähigkeit mit, Märchen spontan anzunehmen. So können sie sich das Wunderbare ganz natürlich als inneres und äusseres Geschehen akzeptieren. Dies ist der Grund, warum Kinder in Märchen ihre Angst- und Helferfiguren finden. Beides ist für sie hilfreich. Sie können somit unbewusste und bewusste Ängste benennen und sich mit der Zeit vielleicht davon befreien. Aus diesem Grund wollen Kinder dasselbe Märchen immer wieder hören. Sie gewinnen Vertrauen in das Geschehen und erfahren dabei, dass es gut kommt.

4.3 Grimmsche Märchen

Bei den Ausgaben der Grimm-Märchen werden verschiedene Formen von Märchen unterschieden (Lange, 2012, 8). Der Vorsatz der Gebrüder-Grimm, ein Erziehungsbuch zu schreiben, war der Ursprung der Sammlung. Heute werden in den ‚Kinder- und Hausmärchen' alle festgehaltenen Geschichten als Märchen benannt. Das Buch enthält jedoch auch Schwänke, Sagen oder novellenartige Märchen. Es gibt 50 Zaubermärchen der Gebrüder Grimm, die auch im Buch der ‚Kinder- und Hausmärchen' enthalten sind (Pöge-Alder, 2011, 126).

In der Märchenforschung werden folgende drei Thesen bezüglich der Ausgangslage der Märchen der Gebrüder Grimm unterschieden (Pöge-Alder, 2011, 123):

1. Märchen gelten als Erbe, welches aus einem gemeinsamen geistigen Besitz überliefert wurde.
2. Märchen stellen ein Wandergut dar, welches über grosse Zeiträume hinweg tradiert weitergegeben wurde.
3. Die Erzählform der Märchen besteht aus grundlegenden Gemeinsamkeiten des menschlichen Lebens. Sie können sich überall in der Welt abgespielt haben und zeichnen sich durch gleiche Merkmale in der Erzählung aus.

Pöge-Alder (2011, 125) betont, dass in den Märchen tradierte Erfahrung der Völker bewahrt sind und diese nicht vergessen werden dürfen.

Merkmale der Grimm-Märchen können wie folgt zusammengefasst werden (Pöge-Alder, 2011 135; Fürst, Helbig & Schmitt, 2000, 44):

- Streben nach einfachen, kindlichen Handlungen
- Einfügung wörtlicher Rede
- Freude an Wortwiederholungen und subtilem Humor
- Anschauliche und drastische Darstellungen
- Einbindung von volkstümlichen Wendungen und Lautmalereien
- Vorliebe für Formelhaftes, für feste Farben und Konturen
- Bemühen um künstlerischen Aufbau
- Stringente Motivierung und Rundung der Erzählung
- Ideologische, emotionale und biographische Bearbeitung

4.4 Märchen – eine Lebenshilfe

Märchen können eine Hilfestellung bei der Bewältigung von Angstsituationen sein. Ängste und Sehnsüchte werden angesprochen, welche das Kind von sich aus noch nicht benennen kann. Das Kind macht die Erfahrung, dass es unerschrocken der Angst entgegentreten soll und es sich auf eine Wende zum Guten verlassen kann. Alle Kinder werden mit grausam erlebten Situationen konfrontiert. Durch die Identifizierung mit Märchenfiguren erlebt es, wie es sich in Problemsituationen stellen kann. Es erlebt die Natürlichkeit von Vergeltungsgedanken und wird von Schuldgefühlen befreit, da es erkennt, dass die kindgemässe Masslosigkeit in den Gefühlen der Liebe und in der Wut, der Gier und der Zuneigung auch für Märchenhelden alltägliche Gefühlslagen sind (Fürst et al., 2000, 51).

Ich-Erkenntnis: In der Entwicklung der Kinder lösen sie sich im Autonomiealter aus der symbiotischen Beziehung mit der Mutter. Dazu gehören Trennungsängste und das Gefühl der Verlassenheit. Während dieser Zeit hat das Kind gewalttätige, fantasievolle Gedanken. Die allein gelassenen Märchenhelden / Heldinnen zeigen diese Problematik und bestätigen das Kind in seinen Gefühlen. Es wird ermutigt, diesen zu vertrauen und durchzuhalten, damit sich alles zum Guten wenden kann.

Geschwisterkonstellation: Das subjektive Empfinden des Kindes, gegenüber seinen Geschwistern benachteiligt zu werden, wird in Märchen aufgegriffen.

Gefühle: Die emotionalen Erfahrungen, die Kinder im Märchenhören machen, können im späteren Leben eine Stütze darstellen. Liebe kann Menschen verwandeln und Hass kann überwunden werden. In einzelnen Märchen wird die Sinnhaftigkeit von solidarischem Verhalten gezeigt. Das gemeinsames Vorgehen von Verbündeten kann Fähigkeiten und Kräfte von Einzelnen potenzieren und stark machen.

Ablösungsprozesse: In verschiedenen Märchen wird der Ablösungsprozess der Kinder vom Elternhaus beschrieben. Das Kind erfährt die Notwendigkeit der Ablösung und die Entwicklung zum Erwachsenensein. Dieser Schritt wird durch das Übernehmen von Aufgaben in eigener Verantwortung gemacht. Das Märchen vermittelt die Botschaft, dass alle geistigen und seelischen Fähigkeiten eingesetzt werden müssen, um die Prüfungen im Leben zu bestehen. Die Ablösung selbst stellt keine endgültige Trennung dar, sondern die Möglichkeit, dass das Kind nach der Versöhnung mit ‚dem Alten' reich beschenkt mit ‚Schätzen' wieder nach Hause kommen kann. Die Schätze dienen als Symbol für Erfahrung, Wissen, Geld oder berufliche Fähigkeiten und allgemeine Lebenskompetenz.

Tod: In Märchen werden Grenzsituationen aufgezeigt, in welchen der Tod als Bedrohung dargestellt wird. Das Sterben selbst erscheint aber nur als Übergang in eine andere Welt, die wesentlich beglückender, ist als das Leben zuvor. Der Tod ist nur als Übergangssituation zu verstehen, der einen Entwicklungsprozess beschreibt oder die Wandlungsfähigkeit des Menschen darstellt.

Empathie: Das Märchen vermittelt Werte und Normen der Gesellschaft, die im Zusammenleben von grosser Bedeutung sind. Sie werden in einer Form vermittelt, die das Kind gut verstehen kann. Hilfsbereitschaft und Mitgefühl werden belohnt, Treue und Freundschaft bedeuten Verlässlichkeit im Leben. In einigen Märchen werden Aufgaben durch Unterstützung und dem Schutz der Tiere gelöst. Treue und positive Charaktereigenschaften werden belohnt (Fürst et al., 2000, 53).

Kindern im Zyklus 1 fällt es leicht, sich in die Position des Helden zu schlüpfen und seine Handlungen zu verstehen. Sie sind von der Entwicklung her in einer egozentrisch denkenden Entwicklungsphase. So können sie sich leicht mit den Helden identifizieren und beziehen alle Reaktionen der Umwelt auf sich selber (Lange, 2012, 108). Märchen sind wichtig, um den Kindern Mut zu für die kommenden Aufgaben im Leben zu machen (Jaenike, 2015, 11).

4.5 Rollenverteilung im Märchen

Die Märchenfiguren werden seit jeher durch extreme Lebensumstände beeinflusst. Matriarchale Zeiten mit Muttergottheiten, die über Leben und Tod entscheiden, finden sich zum Beispiel im Märchen von Frau Holle wieder. Diese lebt mit der Einstellung, sich als Dienerinnen der Schöpfung zu betrachten. Spätere Märchen dokumentieren dann die sich veränderte Gesellschaftsform. Dabei wird die Unterordnung und Hingabe der Frau an den Mann dargestellt. Diese fordert Opfer. In den Märchen zeigt sich dies durch das Befreien des Gefährten aus einer ausweglosen Situation. Dem Mann hingegen bleibt die Wahl zwischen grosser Eroberung, Auseinandersetzungen mit Feinden, List und dem Aufbrechen in die Fremde.

In den Märchen zeigen beide Geschlechter gleichermassen Mut zur Bewältigung der gestellten Aufgaben. Sie handeln in einer Zeit, in welcher die Menschen hilflos den Naturkatastrophen ausgeliefert waren und von Hungersnöten heimgesucht wurden. Die Kinder hatten die schlechteste Position in den Familien. Die Stiefmütter waren berechtigt, die Kinder aus dem Haus zu verbannen. Dieser Hintergrund ist wichtig um zu verstehen, welchen Bedrohungen Kinder zu dieser Zeit ausgesetzt waren. Kinder, die im wahren Leben um ihr Dasein fürchten mussten, werden im Märchen aktiv, mutig und siegreich dargestellt und erfahren dadurch eine märchenhafte Gerechtigkeit. Die Stiefmütter in vielen Märchen enden unter grauenhaften Bedingungen (Fürst et al., 2000, 53).

5 Resilienzförderung durch Märchen

„Erst wenn eine Geschichte in der Lage ist, die Verstandeskräfte des Kindes in Abstimmung auf seine Ängste und Sehnsüchte zu mobilisieren, kann es einen wichtigen Beitrag im Leben des Kindes leisten. Wenn es dabei zu helfen vermag, die Emotionswelt des Kindes ein Stück weit zu klären, das Vertrauen in die eigenen Fähigkeiten zu stärken oder Zukunftsängste zu nehmen, kann es einen Anteil zur Förderung der Resilienz leisten" (Koj, 2008, 11).

Koj (2008,11) umschreibt die Bedeutung und Wirkung einer resilienzfördernder Geschichte in ihrem Zitat. Die resilienzfördernden Eigenschaften führen zur Fragen, ob und - falls ja - wie anhand von Märchen die Entwicklung von Resilienz bei Kindern positiv unterstützt werden kann. Im folgenden Kapitel werden die Merkmale resilienzfördernder Märchen erläutert. Aufgrund dieser Merkmale wurde von S. Koj (2008) ein Raster zur Beurteilung der Resilienzförderung durch Geschichten erstellt. Dieses Raster wurden bei vier Märchen der Gebrüder Grimm angewendet und die Märchen aufgrund der entstandenen Auswertung beurteilt. Die vier Märchen wurden zufällig ausgewählt. Am Schluss des Kapitels wird das Raster kritisch beleuchtet.

5.1 Merkmale resilienzfördernder Märchen

In einem Märchen nimmt der Protagonist die Protagonistin eine zentrale Rolle in Bezug auf Resilienzförderung ein. Er/sie zeichnet sich dadurch aus, dass er oder sie Verantwortung für sich oder jemanden anderen übernimmt und durch eine grosse Anstrengung eine scheinbar unüberwindbare Situation meistert Das ermöglicht Kindern die Einsicht, dass es sich lohnt, Probleme zu lösen, Verantwortung zu übernehmen und ‚den Glauben und die Hoffnung nicht zu verlieren' (Krause, 2012a, 34). Zitzlsperger (2012, 144) ergänzt die Beschreibung des Protagonisten, der Protagonistin in einem Märchen damit, dass diese Person am Anfang der Geschichte eher schwach und zu Beginn einer Entwicklungsstufe dargestellt wird. Am Ende des Märchens geht er/sie gestärkt in die Welt hinaus. Zitzlsperger (2012, 144) beschreibt die besonderen Eigenschaften und Verhaltensweisen, welche die Helden als resilient erscheinen lassen, folgendermassen:

- Helden/Heldinnen sind Hilfsbedürftigen gegenüber sensibel
- Helden/Heldinnen erledigen alle ihnen zugewiesene Arbeit und sind leistungsstark

- Helden/Heldinnen hören genau auf ihren Ratgeber und übernehmen dabei Verantwortung
- Helden/Heldinnen haben Mut, sich auf Neues, Unbekanntes, Grenzüberschreitendes und Transzendenztales einzulassen
- Helden/Heldinnen übertreten Gebote: Sie sind frech, mutig, herausfordernd – und das alles mit gutem Gespür, dass das Gegenüber nicht verletzt wird.

So werden Märchenhelden/Heldinnen als Pioniere/Pionierinnen mit visionärer Kraft für neue Ordnungen umschrieben. Märchen stellen mit ihren Handlungen Persönlichkeitsentwicklungen mit Verlierern/Verliererinnen und Gewinnern/Gewinnerinnen dar. Kinder können ihre häufigen Grenzüberschreitungen im Alltag in den Märchen wiederfinden. Im Märchen gewinnen Märchenhelden/Heldinnen aus Grenzverletzungen Lebenserfahrung und Unhelden/Unheldinnen erleiden wegen ihrer Inkompetenz Verluste. Es werden aber auch lebensnahe Momente beschrieben, in welchen die Märchenhelden/Märchenheldinnen den Mut verlieren (Zitzlsperger, 2012, 145). Fischer (2012, 147) betont, dass die erzählten Märchen dem Entwicklungsstand der Kinder entsprechen müssen, damit sie resilienzfördernd wirken können. Nur dadurch können sie auf eine fantasievolle Weise als Spiegel der eigenen Erfahrungen genutzt werden. Sie bieten Anregungen für eine Auseinandersetzung mit eigenen Erlebnissen und Gefühlswelten.

5.2 Raster zur Analyse von Märchen hinsichtlich Resilienzförderungspotential

Damit die innere Widerstandkraft eines Kindes durch die Erzählung eines Märchens auch wirklich gestärkt werden kann, müssen wichtige resilienzfördernde Aspekte, wie in Kapitel 5.1 beschrieben, beachtet werden. In den folgenden Abschnitten werden die Kriterien zur Überprüfung eines Märchens von unterschiedlichen Autoren (Fischer, 2012, 141-147; Koj, 2008, 11-14; Wustmann Seiler, 2016, 130-131) zusammengefasst und im Raster durch Koj (2008) dargestellt. Das Raster von Koj wurde in dieser Arbeit übernommen, obwohl es für Kinderbücher entworfen wurde. Es wird in der vorliegenden Arbeit bei Märchen angewendet. Auch Märchen, wie die Bilderbücher, spielen in der Entwicklung der Kinder eine grosse Rolle. Die Differenziertheit des Rasters wirkte einladend, es auch für Märchen anwenden zu können.

Bei der Beurteilung der Märchen wurde das Raster ohne weitere Definitionen zu einzelnen Begriffen verwendet. Dabei wurde es dem Anwender/Anwenderin überlassen zu definieren, was beispielsweise ,Coping' oder ,Selbstwirksamkeit bedeutet. In den folgenden Abschnitten werden alle sieben Aspekte des Rasters von Koj (2008) vorgestellt.

5.2.1 Aspekt 1: Entwicklung von Bewältigungsstrategien im Umgang mit Krisen

Das Kind kann im Märchen szenisch einzelne Situationen aus seinem Leben erkennen und daraus Bewältigungsstrategien ableiten. Das Märchen erlaubt dem Kind aus der nötigen Distanz, Parallelen zum eigenen Erleben zu finden und dadurch Lösungen oder Strategien durchzudenken. Wenn ein Kind ein Märchen nicht hören will, soll nicht darauf bestanden werden. Kinder haben ein gutes Gespür dafür, welche Märchen ihnen in ihrer Situation gut tun (Fischer, 2012, 143). Koj, (2008, 11) schreibt, dass die Kinder Coping-Strategien kennenlernen, welche vom Protagonisten/Protagonistin in Krisensituationen in den Märchen gewählt werden. Deren Wirksamkeit wird am Wohlergehen der Hauptperson gemessen. Zudem ist entscheidend, ob im Märchen die Offenheit besteht, dass andere Lösungswege als der gewählte genommen werden kann. Fischer (2012, 148) beschreibt, dass der Protagonist/die Protagonistin bei der Erarbeitung von Bewältigungsstrategien in den Märchen effektive Copingstrategien angewendet hat. Ein Märchen kann bei dramatischen Lebensereignissen helfen, eine Krise zu bewältigen.

Zu effektiven Copingstrategien wird
angeregt
zum Teil angeregt
nicht angeregt
Alternative Lösungswege sind
möglich
zum Teil möglich
nicht möglich
Die vorgeschlagenen Bewältigungsstrategien sind für das Kind
realisierbar
teilweise realisierbar
nicht realisierbar

Tab. 8: 1. Aspekt: Entwicklung von Bewältigungsstrategien im Umgang mit Krisen (Koj, 2008, 12)

5.2.2 Aspekt 2: Stärkung des Selbstwirksamkeitsglaubens

Koj (2008, 12) beschreibt, dass bei der Prüfung eines Märchens auf Resilienz als wichtigstes Kriterium zu untersuchen ist, welche Rolle der Protagonist/die Protagonistin in der Problemlösung übernimmt. Er/sie handelt oft eigenständig. Kinder können das Handeln des Protagonisten/der Protagonistin als Vorbild nehmen. Jaenike (2015,12) schreibt, dass sich Kinder mit gleichaltrigen Hauptpersonen am besten identifizieren können. Je eigenständiger ein Kind in der Lage ist, eine schwierige Situation selbständig zu bewältigen, desto positiver wirkt sich das auf das zukünftige resiliente Verhalten des zuhörenden Kindes aus (Koj, 2008, 12). Dies wiederum setzt voraus, dass es das Handeln im Märchen auf sein Leben übertragen kann. Falls dem Protagonisten/der Protagonistin Hilfe zur Verfügung steht, fühlt sich der Zuhörer/die Zuhörerin sicher und unterstützt. Ein in dieser Hinsicht positiv wirksames Märchen vermittelt die Hoffnung, dass die eigene Krise erfolgreich zu bewältigen ist. Fischer (2012, 148) betont, dass die Protagonisten/Protagonistinnen auf ihre Fähigkeiten vertrauen und ihre Probleme aus eigener Kraft lösen. Sie merken, wenn sie Hilfe holen müssen. Der Protagonist/Protagonistin wird oft zu Beginn als ‚schwach' dargestellt und am Ende des Märchens ist er /sie erstarkt und verfügt er über ein positives Selbstbild.

Die Lösung des Problems ist Vom Protagonisten selbst ausgehend Zum Teil vom Protagonisten ausgehend Von aussen kommend
Ein zu Beginn schwacher Protagonist Geht gestärkt aus der Geschichte hervor Geht zum Teil gestärkt aus der Geschichte hervor Bleibt schwach
Im Falle eines Scheiterns hätte dem Protagonisten Hilfe bereitgestanden Zum Teil Hilfe bereitgestanden Keine Hilfe bereitgestanden
Die Geschichte verläuft für den Protagonisten Erfolgreich Zum Teil erfolgreich Nicht erfolgreich

Tab. 9: 2. Aspekt; Stärkung des Selbstwirksamkeitsglaubens
(Koj, 2008, 12)

5.2.3 Aspekt 3: Stärkung der emotionalen Kompetenz

Koj (2008, 13) schreibt, dass, wenn in einem Märchen die Emotionen eines Protagonisten/einer Protagonistin besonders deutlich und klar dargestellt werden, mit dem vorliegenden Raster die Wirkung der Emotionen betrachtet werden könne. Je umfassender die Emotionen der Protagonisten/der Protagonistinnen beschrieben sind, desto eher lernen die Kinder, eigene Emotionen oder die Emotionen anderer zu verstehen. Wenn erfolgreiche Emotionsregulationsstrategien gezeigt werden, können die Kinder diese als Modell für sich selber nutzen.

Fischer (2012, 248) beschreibt als weitere resilienzfördernde Wirkung eines Märchens, dass gelernt werden kann, eigene und fremde Emotionen differenziert wahrzunehmen und angepasst darauf zu regieren. Lüthi betont (2005, 15) dass in Märchen Emotionen und Gefühle nur dann thematisiert werden, wenn sie die Handlungen der Märchenfiguren beeinflussen. Sie werden nie zur Beschreibung einer Atmosphäre benutzt. Die Gefühlswelt als solche fehlt den Märchenfiguren. Dies hat zur Folge, dass seelisch die Tiefe verloren geht, die Figuren keine Persönlichkeit darstellen und die Figuren nur eine Oberfläche haben.

Das Buch setzt sich mit Gefühlen Auseinander Ansatzweise auseinander Nicht auseinander
Erfolgreiche Emotionsregulationsstrategien Werden vorgestellt Ansatzweise vorgestellt Nicht vorgestellt

Tab. 10: 3. Aspekt: Stärkung der emotionalen Kompetenz
(Koj, 2008, 13)

5.2.4 Aspekt 4: Stärkung der Sozialkompetenz

Voraussetzung für die emotionale Entwicklung ist das Erkennen und erfolgreiche Interpretieren der eigenen Gefühle und diejenigen der anderen. Märchen können die Kinder in ihrer egozentrischen Welt in der emotionalen Entwicklung zum nächsten Entwicklungsschritt unterstützen. Die Entwicklung der sozialen Kompetenz wird von emotionalen sowie kognitiven Fähigkeiten bestimmt. Die kognitiven Fähigkeiten helfen, die Perspektive zu wechseln und die Bedürfnisse und Motive des Gegenübers zu verstehen. Es ist möglich, dass szenisch dargestellte Märchen den Kindern helfen, den nächsten Entwicklungsschritt einzuleiten. Dabei lernen sie auch, dass dieselben Handlungen in verschiedenen Situationen ganz unterschiedlich wirken können. Die Figuren in den Märchen dienen als Übungsmodell, um erlebte Gefühle gewissen Situationen zuzuordnen (Fischer, 2012, 142).

Koj (2008, 13) hält fest, dass die deutlich dargestellten Beziehungen, sowie die sozialen Verhaltensweisen in einem Märchen anhand des Rasters gemessen werden können und durch das Raster die Wirkung auf die Sozialkompetenz dargestellt werden kann. Wenn das Kind im Märchen den Perspektivenwechsel übt, lernt es die Reaktionen und Ansichten anderer Menschen besser verstehen. Die im Märchen dargestellten positiven Beziehungsformen mit den dazugehörenden Handlungen zeigen dem Kind Modelle von menschlichem Miteinander, die in seinem Leben unterstützend wirken können. Das Kind bekommt die Möglichkeit, die im Märchen dargestellten Modelle von sozialem Verhalten auszuprobieren. Lüthi (2015, 19) wiederum betont, dass die Märchenfiguren keine Beziehungen zu ihrer Umwelt haben und ganz isoliert leben. Die Beziehungen im Märchen entstehen immer über Gegenstände, welche wiederum eine Handlung auslösen. Beispielsweise kommt bei Frau Holle die Tochter über die verlorene Spindel mit ihr in Kontakt. Beziehungen im Märchen werden nur beschrieben, wenn sie direkt eine Auswirkung auf die zentrale Handlung haben.

Perspektivenwechsel werden im Märchen Vorgenommen Zum Teil vorgenommen Nicht vorgenommen	
Positive Beziehungsformen werden Dargestellt Zum Teil dargestellt Nicht dargestellt	
Konstruktives soziales Verhalten wird Gezeigt Zum Teil gezeigt Nicht gezeigt	

Tab. 11: 4. Aspekt: Stärkung der Sozialkompetenz
(Koj, 2008, 13)

5.2.5 Aspekt 5: Stärkung des Selbstbewusstseins

Koj (2008, 13) betont, dass die Wirkung auf die Entwicklung des Selbstbewusstseins am deutlichsten ist, wenn mehrere Aspekte der Resilienzförderung gleichzeitig auftreten. Dabei ist wichtig, dass die Handlung des Märchens positiv ausgeht. Es zeigt sich, dass sich Kinder dadurch ernst genommen fühlen. Dies wiederum hat einen positiven Einfluss auf die Entwicklung des Selbstbewusstseins.

Der Protagonist wird in seiner Situation Ernst genommen Teilweise ernst genommen Nicht ernst genommen
Das Buch unterstützt Schwächen positiv wahrzunehmen Zum Teil Schwächen positiv wahrzunehmen Nicht, Schwächen positiv wahrzunehmen
Das Buch vermittelt in Bezug auf die Belastungssituation Einen optimistischen Gesamteindruck Einen neutralen Gesamteindruck Einen pessimistischen Gesamteindruck

Tab. 12: 5. Aspekt: Stärkung des Selbstbewusstseins
(Koj, 2008, 13)

5.2.6 Aspekt 6: Unterstützung bei schwerwiegender Lebenskrise

Koj (2008, 14) schreibt, dass ein Märchen - um in einer Krise wirksam zu sein - das aktuelle Lebensthema des Kindes aufgreifen muss, ohne das Kind dabei zu überfordern. Gleichzeitig ist sorgsam damit umzugehen, dass geeignete Bewältigungsstrategien dargestellt und durch das Märchen angeboten werden. Das Kind kann diese durch die Handlung des Protagonisten/der Protagonistin entdecken.

Eine schwerwiegende Belastungssituation wird Umfassend, aber nicht überfordernd thematisiert Teilweise thematisiert Nicht oder überfordernd thematisiert
Effektive Copingstrategien werden Vorgestellt Zum Teil vorgestellt Nicht vorgestellt
Helfende Personen oder Institutionen werden Vorgeschlagen Ansatzweise vorgeschlagen Nicht vorgeschlagen

Tab. 13: 6. Aspekt: Unterstützung bei schwerwiegender Lebenskrise
(Koj, 2008, 15)

5.2.7 Aspekt 7: Besondere Stärkung von Jungen oder Mädchen

Resiliente Jungen kommen oft aus Familien, in welchen männliche Identifikationsfiguren ihre Gefühle selbstverständlich zeigen. Bei Mädchen jedoch unterstützen Vorbilder ausserhalb der Familie die Entwicklung der Resilienz eher. Heute fehlen in den Bildungseinrichtungen im Zyklus 1 oft männliche Identifikationsfiguren. Das Anwenden von Geschichten und Bilderbüchern im Schulalltag kann dies nicht ersetzen, jedoch einen Beitrag zur Rollenvielfalt leisten (Fischer, 2012, 145). Wenn in einer Geschichte oder in einem Märchen die Geschlechterrollen thematisiert werden (Koj, 2008, 14), kann die Eignung zur Stärkung von Jungen oder Mädchen näher betrachtet werden. Falls dieses Thema in Märchen aufgenommen und reflektiert wird, lernen Kinder ihre eigenen Vorstellungen zu hinterfragen. Diese Auseinandersetzung hilft, sich selber etwas besser zu akzeptieren.

Jungen oder Mädchen können durch das Buch Besonders gestärkt werden Zum Teil gestärkt werden Eher nicht gestärkt werden	
Rollenstereotypen / Klischees werden Thematisiert, in Frage gestellt Thematisiert, aber nicht in Frage gestellt Ohne Reflexion präsentiert	

Tab. 14: 7. Aspekt: Besondere Stärkung von Jungen oder Mädchen
Koj (2008, 14)

5.3 Anwendung des Beurteilungsrasters

Vor der Anwendung des Beurteilungsrasters wird überlegt, welche der sieben im Raster erwähnten Aspekte in den zu prüfenden Märchen angesprochen werden. Nur Themen, welche im Märchen vorkommen, können in Bezug auf die Resilienzförderung bewertet werden. Dadurch variiert die Gesamtpunktzahl nach jeder Beurteilung je nach vorkommenden und bewerteten Kriterien.

Für die Erreichung von Kriterien ergeben sich folgende Punktzahlen:

- Für die Erfüllung der Variante „a“ werden jeweils zwei Punkte vergeben
- Für die Erfüllung der Variante „b“ wird jeweils ein Punkt vergeben
- Für die Erfüllung der Variante „c“ werden null Punkte vergeben.

Die Analyse der konkreten Anwendung des Rasters und Überprüfung der Märchen werden im Kapitel 6 beschrieben. Die ausgefüllten Raster dazu sind im Anhang vorhanden. Auch die ungekürzten Märchen befinden sich im Anhang.

5.4 Hinweise zur Anwendung des Beurteilungsrasters

Bei der Anwendung des Rasters fällt auf, dass einzelne Begriffe nicht klar definiert sind. Besonders beim Aspekt 1 ist die Bedeutung einer ‚Copingstrategie' nicht geklärt. Bei der Anwendung des Rasters in Bezug auf Märchen sind grundsätzlich alle Copingstrategien und Lösungswege möglich, da im Märchen verschiedene Welten zusammenspielen, was gedanklich viele Möglichkeiten und Lösungswege ermöglicht. Im Aspekt 2 kommt dem Zaubermärchen seine Gestaltung zu Gute. Denn alle Protagonisten/Protagonistinnen sind zu Beginn eines Märchens schwach und entwickeln sich während der Erzählung zu gestärkten Figuren. Weiter gehört zum Märchen, dass dem Helden, der Heldin im richtigen Moment Hilfe zur Seite steht. Bei der Bewertung des 3. Aspektes, der emotionalen Kompetenz, tritt wieder das Muster der Literaturform des Märchens auf. Emotionen werden nur beschreiben, wenn diese einen Einfluss auf die Handlung haben. Beim 4. Aspekt wird in der Anwendung deutlich, dass das Märchen in einer Umgebung des Urvertrauens handelt. Beziehungen werden nicht wie in unserer Welt gelebt. Beispielsweise bei möchte die Goldmarie gerne nach Hause zurückkehren. Frau Holle nimmt dies ernst, es wird im Text nicht thematisiert, aber es löst die Handlung aus, dass Goldmarie aus ihrem Dienst entlassen wird. Im 5. Aspekt trägt das Umfeld des Märchens zur Beurteilung bei. Das Ende des Zaubermärchens findet immer ein gutes Ende. Wenn der Protagonist oder die Protagonistin Fehler begehen, hat dies Konsequenzen, doch stehen die Helfer in jeder Situation treu zur Seite. Schneewittchen wird jeweils von den sieben Zwergen gerettet, obwohl es weiss, dass es die Türe bei fremden Personen nicht öffnen darf. Der geschichtliche Hintergrund beeinflusst beim Aspekt 7 deutlich die Bewertung. Geschlechterrollen werden nicht diskutiert. Jedoch ist sehr spannend zu beobachten, dass es männliche sowie weibliche Protagonisten und Protagonistinnen gibt. Gerade die weiblichen Protagonistinnen werden als sehr stark, mutig und selbstbewusste Mädchen beschreiben.

6 Resultate der vier analysierten Grimm-Märchen

Alle vier ausgewählten Märchen werden im folgenden Kapitel zuerst zusammengefasst und danach mit dem Raster von Koj (2008, 12) (Kap. 4.6) überprüft. Im Anhang sind alle Märchen in ungekürzter Form vorhanden.

6.1 Schneewittchen und die sieben Zwerge

Zusammenfassung: Eine Königin wünschte sich sehnlichst ein Kind. Ihr Wunsch ging in Erfüllung. Die Haare der Tochter waren schwarz wie Ebenholz, die Haut weiss wie Schnee und die Lippen rot wie Blut. Die Königin nannte ihre Tochter Schneewittchen. Als die Königin starb, heiratete der König wieder. Schneewittchen würde älter und je älter es wurde, desto schöner wurde es. Die neue Königin wollte jedoch die Schönste sein im ganzen Land. So holte sie den Jäger und befahl diesem, die Königstochter umzubringen. Dieser ging mit Schneewittchen in den Wald, brachte es aber nicht übers Herz, Schneewittchen zu töten. Er erzählte Schneewittchen den wahren Grund des Aufenthaltes im Wald und bat es, wegzulaufen. Anstelle von Schneewittchens Herz brachte er der Schwiegermutter das Herz eines jungen Rehs nach Hause. Schneewittchen fand Unterschlupf in einer kleinen Hütte hinter den sieben Bergen bei den sieben Zwergen. Diese erlaubten ihm, bei ihnen zu wohnen. Die Königin zu Hause befragte jeden Tag ihren Zauberspiegel, wer die Schönste sei im ganzen Land. Als dieser jedoch antwortete, dass Schneewittchen die Schönste sei im ganzen Land, wurde die Stiefmutter sehr wütend. Sie rief den Jäger, welcher ihr alles gestand. Die Königin machte sich selber auf den Weg, um Schneewittchen zu töten. Sie verkleidete sich, damit Schneewittchen sie nicht erkennen würde. Zuerst verkaufte sie ihm einen vergifteten Kamm. Die Stiefmutter verletzte es beim Kämmen und Schneewittchen fiel tot um. Die Zwerge jedoch fanden Schneewittchen und konnten den Kamm entfernen und es retten. Erbost darüber, dass Schneewittchen noch lebt, zog die Königin erneut los und verkaufte ihm im Haus der sieben Zwerge einen Gürtel, welchen sie stark zusammenzog. Auch diesmal fiel es tot um. Es wurde es von den Zwergen wieder rechtzeitig entdeckt und erlöst. Beim dritten Mal gab sich die Königin als verkleidete Marktfrau aus. Schneewittchen ass vom vergifteten Apfel. Als dieser in seinem Hals stecken blieb, starb es. Ganz traurig legten die Zwerge Schneewittchen in einen gläsernen Sarg. Dieser wurde von einem jungen König gesehen. Beim Versuch, den Sarg mit Schneewittchen zu tragen, stürzte ein Zwerg, der Sarg polterte zu Boden, zerbrach und das Apfelstücklein löste sich aus dem Hals von Schneewittchen. Es erwachte und lebte wieder. Der junge König und Schneewittchen heirateten und lebten glücklich bis ans Lebensende. Die Stiefmutter musste an der Hochzeit in glühenden Pantoffeln tanzen, bis sie tot umfiel.

Auswertung: Schneewittchen lebt am Anfang der Geschichte als ein fragiles, kleines Mädchen, eine Halbwaise. Die böse Stiefmutter erträgt seine Schönheit nicht, fühlt sich sogar bedroht dadurch und macht sich den Jäger zum Gehilfen. Der Jäger steht symbolisch für eine zielsichere Wesenskraft, welche dafür sorgt, dass die Treibe und Instinkte nicht überhandnehmen. In diesem Sinne hat sich die Stiefmutter unwissentlich den falschen Gehilfen geholt. Schneewittchen jedoch hat genau den richtigen Begleiter, um sich in den Wald, einem Ort der Transition, zu begeben. Durch den Jäger hält sich die Macht der Stiefmutter in Grenzen: Der Jäger schützt Schneewittchen vor ihren Trieben und er lässt es schlussendlich alleine in den Wald gehen, weil er es ihm auch zutraut. Somit entlässt er Schneewittchen in den symbolischen Bereich der Weiterentwicklung und schickt es in sein eigenes Leben, weg von der bösen Stiefmutter. Schneewittchen muss in dieser neuen Welt jedoch nicht schutzlos und alleine überleben: Die sieben Berge deuten auf einen Schutzwall hin und dahinter lebt es bei den sieben Zwergen. Durch die Zwerge ist es umgeben von Intelligenz. Die Schwiegermutter dringt trotz allem mit ihren bösen Absichten in den friedlichen Bereich der Zwerge ein und versucht, Schneewittchen zu vergiften und zu töten. Dieses Gift steht symbolisch für die Eifersucht der Stiefmutter. Die vernünftigen Zwerge handeln in der bedrohlichen Situation jedoch überlegt und richtig, nicht emotional. Sie machen Schneewittchen keine Vorwürfe, obwohl es entgegen der Abmachung der Stiefmutter Zugang verschafft hat. Am Ende des Märchens tritt der Prinz auf. Mit seinem Auftreten im Märchen symbolisiert er, dass sich schwierige Situationen zum Guten wenden können.

Raster (Koj, 2008)

Mögliche Gesamtpunktzahl: 36

Erreichte Punktzahl: 34

6.1.1 Entwicklung von Bewältigungsstrategien im Umgang mit Krisen (6/6)

Die Stiefmutter schickt Schneewittchen in den Wald. Für sie bedeutet das, wenn das Schneewittchen aus den Augen ist, dass sie es nicht mehr im Sinn hat. Schneewittchen tut sich mit den sieben Zwergen zusammen, es lässt sich durch sie stärken, indem es Hilfe annimmt. Die Strategie des ‚Hilfe-Annehmens' wirkt als gute und logische Lösung

6.1.2 Stärkung des Selbstwirksamkeitsglaubens (8/8)

Schneewittchen fleht den Jäger im Wald an, dass er es am Leben lässt, es ergreift selber die Initiative dazu. Schneewittchen muss als kleines Mädchen sein Zuhause verlassen und endet in der Geschichte als glückliche Prinzessin. Dies geschieht, indem es eine geschickte Lebensstrategie wählt und eine aktive Rolle im Leben übernimmt. Schneewittchen ist in der Geschichte auf das Haus der sieben Zwerge gestossen, die Hilfe ist bereitgelegen. Es hat sie jedoch gleich angenommen und war bereit für eine Gegenleistung. Es fühlte sich auf Augenhöhe mit den Zwergen.

6.1.3 Stärkung der emotionalen Kompetenz (4/4)

Im Märchen werden die Gefühle von Schneewittchen ernst genommen: der Jäger hört seinen Wunsch nach Leben und die sieben Zwerge stehen ihm in schwierigen Situationen zur Seite.

6.1.4 Stärkung der Sozialkompetenz (6/6)

Schneewittchen packt bei der Arbeit bei den Zwergen im Haushalt mit an und leistet seinen Beitrag im Haushalt und im Zusammenleben. Die Zwerge sind offen und nehmen das Schneewittchen bei sich auf, ohne zu hinterfragen, von wo es kommt. Sie spürten, dass sie ihm vertrauen konnten.

6.1.5 Stärkung des Selbstbewusstseins (6/6)

Schneewittchen wird während des ganzen Märchens als Mädchen und mit seinen Gefühlen ernst genommen. Obwohl es Fehler macht, der Stiefmutter die Türe öffnet und ihr Gegenstände abkauft, bleiben die Zwerge dem Schneewittchen treu. Es bekommt so die Bestätigung, richtig gehandelt zu haben

6.1.6 Unterstützung bei schwierigen Lebenskrisen (6/6)

Zu Beginn des Märchens steckt Schneewittchen in einer grossen Lebenskrise. Seine Mutter ist verstorben und wurde durch eine böse Stiefmutter ersetzt. Es muss sein Zuhause verlassen und von einem Moment auf den anderen auf eigenen Beinen stehen.

Schneewittchen schafft einerseits mit eigener Kraft und mit Hilfe der Zwerge den Schritt in ein glückliches Leben. Es übernimmt eine aktive Rolle.

6.1.7 Besondere Stärkung von Jungen und Mädchen (4/6)

Schneewittchen ist ein kleines Mädchen. Es handelt während der Geschichte mutig und tapfer und entwickelt sich zu einer glücklichen Frau.

6.2 Der Froschkönig

Zusammenfassung: Eine Prinzessin spielte gerne an warmen Tagen an einem Brunnen in einem Wald in der Nähe des Schlosses von ihrem Vater mit einer goldenen Kugel. Die goldene Kugel fiel beim Spiel in den Brunnen. Der Frosch bot ihr an, die Kugel wieder aus dem Brunnen zu holen. Er stellte jedoch drei Bedingungen: Sie sollte seine Spielgefährtin werden, sollte mit ihm den Teller und das Bett teilen. Sie stimmte dem Vorschlag zu, insgeheim ohne darauf eingehen zu wollen. Als der Frosch ihr die goldene Kugel zurückgab, lief sie davon, und schaute nicht mehr zurück. Zu Hause vergass sie den Frosch schnell. Jedoch am nächsten Tag kam dieser aufs Schloss und klopfte während des Mittagessens an die Esszimmertüre. Die Prinzessin öffnete die Türe. Als sie ihn entdeckte, warf sie voller Entsetzen die Türe vor seiner Nase zu. Der König fragte die Tochter, wer da sei und sie erzählt ihm die ganze Geschichte. Der König bestand darauf, dass sie ihr Versprechen halten müsse. Der Frosch wurde ins Schloss gelassen und gemeinsam assen sie am Tisch. Als der Frosch müde wurde, verlangte er, neben der Prinzessin zu schlafen. Als sie zögerte, sprach ihr der Vater erneut ins Gewissen. Im Schlafzimmer möchte sie den Frosch nicht auf ihr Bett setzen. Der Frosch drohte, dies dem Vater zu erzählen. Vor lauter Wut warf sie den Frosch gegen die Wand, worauf sich dieser in einen Prinzen verwandelte. Er erzählte ihr, dass er von einer Hexe verwünscht wurde und nur durch die Königstochter befreit werden konnte. Von nun an teilte sie mit ihm das Bett. Am nächsten Morgen fuhr eine Kutsche mit dem Diener des Prinzen vor, der sich aus Trauer wegen der Verwandlung seines Herren drei Eisenbande um den Leib legen liess, damit sein Herz vor Trauer nicht zerspringen konnte. Als er den Prinzen und die Prinzessin in sein Reich führte, barsten die Eisenbande vor lauter Glück. Zur Hochzeit wurde die Stiefmutter eingeladen. Dort liess man sie in glühenden Pantoffeln tanzen, bis sie tot umfiel.

Auswertung: Der Anfang des Märchens spielt an einem Brunnen am Wald. Die Prinzessin fühlte sich von zwei symbolträchtigen Orten angezogen: Der Brunnen sowie der Wald stehen stellvertretend für einen geeigneten Ort für nächste Entwicklungsschritte. Sie verbringt dort gerne ihre Zeit und scheint im Spiel stark mit sich selber beschäftigt zu sein. Quasi als Verstärkung tritt der Frosch, das Symbol für eine Metamorphose, tritt in ihr Leben. Er ist das Sinnbild für Potential. Die

Prinzessin ist auf dem Weg zum Erwachsenwerden und als der Frosch ihr anbot, die goldene Kugel aus dem Brunnen zu holen, hat sie die Hilfe angenommen. Sie scheint jedoch in Bezug auf den sozialen Umgang etwas unreif zu sein, denn sie denkt, dass sie dem Frosch die Bedingungen für seine Hilfeleistungen nicht erfüllen muss. Der Vater ist im Märchen der Hüter der Tugend und sorgt dafür, dass die Tochter ihr Versprechen einhält. Sie benimmt sich trotzig wie ein kleines Mädchen. Der Frosch dringt in ihr Schloss ein, welches als Bild für ihr Leben gelesen werden kann. Die Metamorphose der Prinzessin und des Prinzen lassen sich nicht aufhalten. Der Frosch steht für sein Recht ein und kämpft dafür. Die Krise der Prinzessin spitzt sich zu. Als sie kurz vor der Verzweiflung stand, warf sie den Frosch ganz unbeherrscht an die Wand. Dafür wird sie belohnt. Es scheint, als rechne der Frosch mit dieser Reaktion und habe er alles unter Kontrolle. Er provoziert die Prinzessin. Diese Weiterentwicklung der Prinzessin scheint nicht aufhaltbar zu sein. Der Auftritt des Frosches im Märchen könnte bedeuten, dass, wenn etwas ans Licht kommen muss, dies nicht aufzuhalten ist. Im ganzen Prozess vom Auffinden der goldenen Kugel, dem Nachtessen im Schloss und der Begegnung im Zimmer wird die Prinzessin vom Frosch geleitet.

Raster (Koj, 2008)

Mögliche Gesamtpunktzahl: 42

Erreichte Punktzahl: 40

6.2.1 Entwicklung von Bewältigungsstrategien im Umgang mit Krisen (6/6)

Die Copingstrategien der Prinzessin scheinen plausibel und einfach zu sein. Sie wollte mit möglichst wenig Aufwand ihre goldene Kugel zurückhaben. Alternative Lösungswege wären möglich, indem die Prinzessin von Anfang an auf den Handel mit dem Frosch eingehen würde.

6.2.2 Stärkung des Selbstwirksamkeitsglaubens (7/8)

Die Prinzessin geht als kleines Mädchen unerschrocken den Handel mit dem Frosch ein. Sie traut sich das zu. Zu Beginn des Märchens ist die Prinzessin schwach, unselbständig und ist auf Hilfe vom Frosch angewiesen. Sie will jedoch ihren Willen durchsetzen und weiss, was sie will. Am Schluss heiratet sie den Prinzen und geht gestärkt aus dem Märchen hervor.

6.2.3 Stärkung der emotionalen Kompetenz (2/4)

Es wird im Märchen auf den Widerstand und den Ekel eingegangen, welcher die Prinzessin beim Frosch wahrnimmt. Sie spürt diesen Widerstand selber und wehrt sich gegen die Einmischung des Frosches, bis die die Beherrschung verliert.

6.2.4 Stärkung der Sozialkompetenz (6/6)

Der Vater wird als positive und verlässliche Person dargestellt. Er weist die Tochter bei Bedarf in die Schranken. Er zeigt eine hohe Selbstkompetenz. Auch der Diener des Prinzen wird als sehr treu dargestellt. Diese Treue scheint auf einer langjährigen verlässlichen Beziehung zu basieren, welche es für ihn lohnenswert macht, dem Prinzen sogar in der Phase des ‚Frosch-seins' treu zu bleiben.

6.2.5 Stärkung des Selbstbewusstseins (6/6)

Die Schwäche, dass die Prinzessin sich nicht auf das Versprechen einlassen will, wird vom Vater wahrgenommen. Dass sie in ihrer Schwäche wahrgenommen wird, zeigt, dass sie dem Vater wichtig ist.

6.2.6 Unterstützung bei schwierigen Lebenskrisen (3/6)

Das Märchen beschreibt eine Krise der Prinzessin. Sie befand sich zu Beginn der Geschichte am Anfang einer Transition. Der Frosch kam sofort zu Hilfe, als ihr die goldene Kugel in den Brunnen gefallen ist. Jedoch war es für sie schwierig, den Ekel, welchen sie gegenüber dem Frosch fühlte, auszuhalten.

6.2.7 Besondere Stärkung von Jungen und Mädchen (4/6)

Die Prinzessin wird als starkes, mutiges Mädchen dargestellt. Ein Mädchen, welches sich getraut, einen Handel einzugehen und versucht, den Frosch zu überlisten.

6.3 Frau Holle

Zusammenfassung: Es gab einmal eine Witwe, die zwei Töchter hatte, eine leibliche und eine Stieftochter. Die eigene Tochter hatte sie lieber als die andere, obwohl sie hässlich und faul war. Die Stieftochter hingegen war schön und fleissig. Die Stieftochter musste viel arbeiten: jeden Tag setzte sie sich an den Brunnen an einer grossen Strasse und musste so viel spinnen, bis ihr die Finger bluteten. Eines Tages, sie wollte gerade die Spindel waschen, fiel diese in den Brunnen. Das Mädchen erschrak und hatte Angst vor der Wut ihrer bösen Stiefmutter. Also sprang sie der Spindel hinterher in den Brunnen und wurde dabei ohnmächtig. Als sie wieder aufwachte, lag sie auf einer schönen Blumenwiese. Neben ihr stand ein Backofen, aus dem das Brot ihr zurief: ‚Hol mich raus, sonst verbrenne ich! Ich bin schon längst fertig gebacken', und sie tat es. Als sie an einem Apfelbaum vorbeikam, und ihr dieser zurief: ‚Schüttle mich, alle meine Äpfel sind schon reif', und sie tat es. Schliesslich kam sie zu einem kleinen Haus, aus dem eine Frau mit sehr grossen Zähnen herausschaute. Das Mädchen erschrak. Die Frau rief ihr zu: ‚Ich bin Frau Holle, du musst dich nicht fürchten. Dir soll es gut gehen, wenn du bei mir bleibst und mir im Hause hilfst. Du musst nur mein Bett gut machen'. Denn wenn Frau Holle ihr Bettzeug schüttelte, so dass die Federn flogen, sanken die Daunen als Schneeflocken auf die Welt herab. Das Mädchen wollte der Frau gerne helfen und blieb dort. Nachdem es eine Zeit lang bei Frau Holle war, die lieb und freundlich zu ihm war, bekam es Heimweh. Das Mädchen sagte es der alten Frau. Diese versprach ihr, es zur Familie zurückzubringen. Sie begleitete das Mädchen zu einem Tor. Als es hindurchschritt, fiel Gold auf sie herab und blieb an ihm hängen. Zu Hause krähte der Hahn im Hof der Mutter und rief der Zurückkehrenden ‚Goldmarie' zu. Als die Witwe sah, dass ihre Stieftochter mit Gold bedeckt war, nahm sie sie bei sich zu Hause auf und liess sich alles erzählen. Für ihre richtige Tochter wollte sie dasselbe. Also schickte sie diese auch in den Brunnen. Als sie aber über die Wiese ging, nahm sie das Brot nicht aus dem Ofen und schüttete auch den Apfelbaum nicht. Sie half Frau Holle nicht im Haushalt und war auch sonst unhöflich und unfreundlich. Der alten Frau gefiel das gar nicht und sie entliess das Mädchen schnell wieder aus ihren Diensten. Als die Tochter der Witwe beim Abschied unter den Torbogen trat, fiel nicht Gold auf die herab, sondern schwarzes Pech, das haften blieb. Sie ging enttäuscht nach Hause. Der Hahn rief ihr entgegen, hier kommt die ‚Pechmarie'!

Auswertung: In der Ausgangslage zeigt sich die Goldmarie in einer Lebenskrise. Sie leidet physisch und psychisch, sie ist alleine, nicht geliebt und blutet an den Händen. Die leibliche Mutter hatte die eigene Tochter lieber. Dies stellt dar, dass man sich auf die Liebe der eigenen Mutter verlassen kann. Die Stieftochter wurde nicht geliebt und hat gesponnen, bis ihr die Finger bluteten. Das Spinnen ist ein Sinnbild für ‚sich Gedanken machen' und ‚den Lebensfaden spinnen'. Sie gab sich während dem Spinnen jeden Tag ihren Gedanken hin und die reale Welt wurde für sie dadurch wohl etwas erträglicher. Als sie nach dem Sprung in den Brunnen in die andere Welt kommt, merkt sie dort, dass sie gebraucht wird. Sie rettet und hilft dem Brot und den Äpfeln, obwohl sie selber in Not ist. Es scheint, als habe man dort schon lange auf sie gewartet. Der Stieftochter wird von Frau Holle Hilfe angeboten. Aber sie knüpft ihre Unterstützung an Bedingungen. Dabei hat Goldmarie ihre

Angst wegen der grossen Zähne überwunden. Goldmarie hat einen langen Entwicklungsweg hinter sich. Als sie den Wunsch äusserte, dass sie zurück in die andere Welt gehen möchte, wurde das von Frau Holle ernst genommen. Sie wurde entlassen und dabei reich beschenkt.

Die Pechmarie hingegen wollte den langen Weg nicht auf sich nehmen, liess sich von ihrer Gier lenken und meinte, durch egoistisches Handeln schneller ans Ziel zu kommen.

Als Copingstrategie zeigt Goldmarie, dass sie sich in eine Situation hineinschickt, diese annimmt und anpackt und arbeitet. Dafür bekommt sie nachher den Lohn, welchen ihr zusteht. Die Pechmarie wollte nur den Lohn abholen. Jedoch hat sie zuvor weder gesponnen und sich Gedanken gemacht, noch hat sie in der anderen Welt ihre Hilfe angeboten. Das Gold ist das Abbild vom Wesen der Stieftochter. Gestärkt kehrt sie nach Hause zurück.

Raster (Koj, 2008)

Mögliche Gesamtpunktzahl: 42

Erreichte Punktzahl: 36

6.3.1 Entwicklung von Bewältigungsstrategien im Umgang mit Krisen (6/6)

Die Copingstrategie, das ‚Herausforderungen- Annehmen' und ‚eigene Interessen zurückstecken' von Goldmarie wird offengelegt und sie ist gut nachvollziehbar. Sie bezahlt sich für Goldmarie aus. Goldmarie hat ihren Weg in den Brunnen selber gewählt. Sie flüchtete aus der Realität. Sie hätte auch andere Möglichkeiten gehabt, beispielsweise hätte sie weiterspinnen können. Die gewählte Bewältigungsstrategie von ‚sich gut überlegen' (spinnen) und dann ‚entscheiden' ist gut nachvollziehbar.

6.3.2 Stärkung des Selbstwirksamkeitsglaubens (8/8)

Zu Beginn des Märchens ist Goldmarie eine schwache und hilflose Protagonistin. Sie hat sich den Sprung in den Brunnen zugetraut und ist mutig in der neuen Welt vorangeschritten. Frau Holle hat ihr sofort Hilfe angeboten. Goldmarie hatte Respekt vor ihr, doch hat sie ihr gedient.

6.3.3 Stärkung der emotionalen Kompetenz (2/4)

Goldmarie kann ihr eigenen Wünsche zurückstellen und hat bei der Arbeit bei Frau Holle angepackt. Sie hat gemerkt, dass die wartende Arbeit wichtig war.

6.3.4 Stärkung der Sozialkompetenz (6/6)

Frau Holle wird als eine verlässliche, erwachsene Person dargestellt. Frau Holle hat Goldmarie einen fairen Handel bezüglich ‚mitarbeiten' und anderseits ‚Hilfe erhalten' angeboten.

6.3.5 Stärkung des Selbstbewusstseins (6/6)

Goldmarie wird in ihrer Situation ernst genommen und von der anderen Welt offen empfangen. Das Aushalten des Leidens bei der Stiefmutter und dass sich selber retten davor, wird belohnt. Frau Holle versteht sie, ohne nachzufragen und leitet sofort Handlungen ein, als Goldmarie Heimweh hat.

6.3.6 Unterstützung bei schwierigen Lebenskrisen (4/6)

Am Anfang lebt Goldmarie in einer schlimmen Krise. Sie erhielt von Frau Holle nachhaltige Unterstützung im Leben. Goldmarie hatte die Gewissheit, dass sich der Sprung in den Brunnen mit den Konsequenzen lohnen würde.

6.3.7 Besondere Stärkung von Jungen und Mädchen (4/6)

Goldmarie ist ein starkes Mädchen. Sie entfernt sich von sich aus von der Stiefmutter, welche sie nicht liebt.

6.4 Rotkäppchen

Zusammenfassung: Es war einmal ein kleines Mädchen, das alle ‚Rotkäppchen' nannten, weil es immer eine rote Kappe trug. Diese hat es von seiner Grossmutter geschenkt bekommen. Eines Tages wurde es von seiner Mutter mit Wein und Kuchen für die alte, kranke Grossmutter durch den Wald geschickt. Unterwegs begegnete ihm der böse Wolf, den es nicht kannte. Es liess sich von ihm vom Weg abbringen, um einen Blumenstrauss zu pflücken. In der Zwischenzeit schlich sich der Wolf zur Grossmutter, gab vor, es sei das Rotkäppchen, verschlang sie und legte sich in ihren Kleidern ins Bett. Als Rotkäppchen ankam, staunte es über die offene Haustüre, sah, dass die Grossmutter grosse Ohren, grosse Augen, grosse Hände und ein grosses Maul hatte.

Auch es wurde sogleich vom Wolf verschlungen. Weil dieser nachher so laut schnarchte, wurde der Jäger, der gerade vorbeiging, aufmerksam. Er sah statt der Grossmutter, den Wolf mit dickem Bauch im Bett liegen. Weil er den alten Sünder schon lange töten wollte, zielte er mit dem Gewehr, drückte aber nicht ab, da er dachte, im dicken Bauch könnte die Grossmutter sein. Er holte eine Schere, und schnitt den Bauch auf. Zuerst sah er das Rotkäppchen. Er befreite es, dann die Grossmutter. Zu dritt füllten sie den Bauch des bösen Wolfes mit Steinen und nähten ihn wieder zu. Beim Aufwachen wollte der Wolf fliehen, weil aber die Steine so schwer waren, fiel er tot um. Der Jäger zog ihm den Pelz ab und ging nach Hause. Die Grossmutter ass den Kuchen, trank den Wein und erholte sich wieder. Das Rotkäppchen dachte, dass es nie wieder den vorgeschriebenen Weg verlassen wolle.

Auswertung: Das Rotkäppchen wird von der Mutter mit dem roten Käppchen, welches es von der Grossmutter geschenkt bekommen hat, zu einem Besuch bei der Grossmutter in den Wald geschickt. Der Wald steht auch hier als Symbol für eine weitere persönliche Entwicklungsstufe im Leben. Rotkäppchen kennt den Wolf nicht, der ihm begegnet und glaubt ihm, was er sagt. Für Rotkäppchen steht die Pflicht, die Grossmutter zu besuchen, über allem. Rotkäppchen sucht für die Grossmutter, welche einen sozialen Ankerpunkt bedeutet, noch Blumen und verlässt von sich aus den Weg. Es lässt sich durch den Wolf verführen. Dafür geht es in den Wald, und kommt vom vorgegebenen Weg ab. Der Wolf könnte ja bereits an dieser Stelle das Rotkäppchen fressen, aber er will zuerst auch noch die Grossmutter finden (... kannst du dir vorstellen warum?). Beide werden nicht gefressen, sondern verschlungen. Sie werden nicht getötet und darum auch dies ein Bild einer Transition. Als das Rotkäppchen ins Haus der Grossmutter kam, ist diese nicht mehr da. Dem Jäger, dem wachsamen Wächter, fällt auf, dass im Häuschen der Grossmutter etwas nicht stimmt und wird aufmerksam. Der Jäger mit seinem klaren Verstand lässt von den bösen Eigenschaften des Wolfes nicht täuschen. Er ist schlau und schiesst nicht mit dem Gewehr. Als Trophäe nimmt er einzig Fell mit. Eigentlich löst sich damit der Wolf, das Sinnbild des Bösen, an dieser Stelle auf. Die Handlung im Märchen mit dem Wolf macht aus der Grossmutter eine gesunde und aus dem Rotkäppchen eine erwachsene Frau. Das Rotkäppchen geht gestärkt aus der Geschichte hervor und nimmt sich vor, den richtigen Weg nicht mehr zu verlassen.

Raster (Koj, 2008)

Mögliche Gesamtpunktzahl: 42

Erreichte Punktzahl: 35

6.4.1 Entwicklung von Bewältigungsstrategien im Umgang mit Krisen (6/6)

Das Rotkäppchen nimmt die Bedrohung durch den Wolf nicht ernst und geht naiv und locker seinen Weg weiter. Es ist überzeugt, dass es seine Aufgabe gut macht. Es verliert auch, als es den Weg verlassen hat, die Freude an den Blumen nicht und verliert den Besuch der Grossmutter nicht aus den Augen. Es hat ein Ziel vor den Augen.

6.4.2 Stärkung des Selbstwirksamkeitsglaubens (8/8)

Rotkäppchen geht unerschrocken durch den Wald und schwatzt mit dem Wolf. Es lässt sich von ihm verleiten, den Weg zu verlassen, verliert aber den Mut im Wald nicht. Es entscheidet sich selber, diesen zu verlassen und für die Grossmutter Blumen zu pflücken.

6.4.3 Stärkung der emotionalen Kompetenz (2/4)

Rotkäppchen kennt den Weg zur Grossmutter und will dort gerne hingehen. Sie scheint die Grossmutter gern zu haben und nimmt den Weg durch den Wald in Kauf, um ihr Kuchen und Wein zu bringen.

6.4.4 Stärkung der Sozialkompetenz (6/6)

Rotkäppchen traut sich zu, allein in den Wald und zur Grossmutter zu gehen. Es weiss, dass die Grossmutter Freude an Blumen hat.

6.4.5 Stärkung des Selbstbewusstseins (6/6)

Rotkäppchen geht selbstbewusst in den Wald. Es fürchtet sich nicht vor dem Wolf. Dieser stellt vorübergehend eine Gefahr dar, am Ende der Geschichte geht Rotkäppchen als selbstbewusste Frau aus der Geschichte.

6.4.6 Unterstützung bei schwierigen Lebenskrisen (3/6)

Das Märchen beschreibt eine grosse Bedrohung für Rotkäppchen. Nur dank dem Jäger hat es die Geschichte überhaupt überlebt. Aber im richtigen Moment ist der Jäger aufgetaucht und hat die Grossmutter und das Rotkäppchen aus dem Bauch des Wolfes gerettet.

6.4.7 Besondere Stärkung von Jungen und Mädchen (4/6)

Rotkäppchen geht als kleine Mädchen in den Wald und wird als selbstbewusste Frau aus dem Wolf befreit.

6.5 Fazit

Das Anwenden des Rasters ermöglicht, sich auf spezifischen Fragen und Themen des Inhaltes zu konzentrieren und punktuell Handlungen oder Verläufe und dessen Bedeutung im Märchen zu beachten. Der Fokus ist auf die Aspekte der Resilienzförderung gelegt. Die Auswertung ergab, dass alle vier analysierten Märchen als resilienzfördernd eingestuft werden können. Die Märchen beruhen auf klaren, sich wiederholenden Mustern, was sich in der Auswertung zeigt. In den Märchen haben alle Figuren und Handlungen ihre symbolische Bedeutung

Alle die analysierten Märchen gehören zu den Zaubermärchen. Wenn auch andere Gattungen der Märchen anhand des Rasters ausgewertet worden wären, wäre das Resultat in Bezug auf Resilienzförderung eventuell anders ausgefallen.

Die Resilienzförderung der Grimm-Märchen kann auch anhand der beschriebenen Charakteristika im Kapitel 4.1 überprüft werden.

7 Abgeleitete Handlungsvorschläge für den Unterricht

Märchen lassen sich nicht als Medizin verordnen oder zur Stärkung gewisser Eigenschaften einsetzen (Jeanike, 2015, 14). Das Ziel des Märchenerzählens ist es, durch eine mehrmalige Wiederholung einen möglichen Beitrag zu einer stabileren Lebensgrundlage zu schaffen. Den Kindern, welchen im Zyklus 1 Märchen erzählt werden, kommen aus unterschiedlichsten Lebenswelten. Alle werden in ihrem Leben vor Aufgaben gestellt, welche sie nur mit Hilfestellungen lösen können (Jeanike, 2015, 14). Märchen können Möglichkeiten aufzeigen, welche Wege bei Schwierigkeiten zum Ziel führen können, und welche nicht. Das blosse erzählen von Märchen reicht nicht aus, um Lebensprobleme zu bewältigen (Fürst et al., 2000, 50). Die Inhalte dieser Märchen müssen aktiv aufgearbeitet werden und sind kein Ersatz für Gespräche über aktuelle Sorgen und persönliche Ängste. Sie können als Medium dienen. Das folgende Kapitel befasst sich mit Resilienzförderung in Bezug auf präventive Massnahmen im Unterricht. Danach werden Handlungsvorschläge mit dem Erzählen von Märchen im Unterricht aufgezeigt. Die getroffene Auswahl der vorgestellten Handlungsvorschläge gilt in erster Linie für den Zyklus 1.

7.1 Präventionsmassnahme zur Resilienzförderung im Unterricht

Präventionsarbeit mit dem Ziel zur Stärkung der Resilienz wirkt direkt auf die Lebenswelt des Kindes. Dabei werden die Basisfertigkeiten wie die altersentsprechende Problemlösefähigkeit, die positive Selbstwahrnehmung und Selbstwirksamkeit, Stressbewältigungskompetenzen und die sozialen Kompetenzen, gefördert (Krause, 2012a, 33; Fröhlich-Gildhoff et al., 2015, 11). Die Kinder sollen in diesem Prozess von einer pädagogischen Person begleitet und unterstützt werden (Krause, 2012b, 27). Diese Person kann für Kinder ein wichtiges Vorbild darstellen, vor allem wenn eine wertschätzende, stärkenorientierte und haltgebende Beziehung ermöglicht wird (Fröhlich-Gildhoff et al., 2015, 11). Die pädagogische Haltung des Teams der Lehrpersonen ist zentral, denn die Lehrpersonen haben für eine warme und fürsorgliche Umgebung in der Schule zu sorgen. Es ist erwiesen, dass in undifferenziertem Frontalunterricht der Entwicklungsprozess der Resilienz nicht sinnvoll gefördert werden kann (Fingerle, 2008, 209-210). Dazu braucht es spezielle Lebens- und Erlebnisbedingungen im Unterricht und ein individuelles, kooperatives Entwicklungsbündnis zwischen den Lehrpersonen und den Kindern. Ein solches Bündnis zeige Ähnlichkeiten mit dem aus der Bindungstheorie bekannten sicheren Bindungsmuster (Fingerle, 2008, 212). Kinder in Stress- und

Risikosituationen lernen, sich auf neue Gegebenheiten einzulassen und sich so allgemeine Kompetenzen anzueignen, welche sie immer wieder in herausfordernden Situationen brauchen können (Kipker, 2008, 68).

Die Präventionsarbeit in Bezug auf Resilienz in Kindergarten und Schule soll allen Kindern, denen in der Entwicklung ungefährdeten wie auch den gefährdeten Kindern, zu Gute kommen (Krause, 2012b, 26). Sie soll eher in der Frühphase der kindlichen Entwicklung, also im Kindergarten und Zyklus 1, geschehen. Möglichst bald nach Schuleintritt sollen Entwicklungsbedingungen geschaffen werden, in welchen Kompetenzen gefördert, Risiken erkannt und durch Unterstützung die negativen Auswirkungen gemildert werden (Kipker, 2008, 68). Ein resilienzfördernder Unterricht ist an folgenden Merkmalen zu erkennen (Krause, 2012a, 37): Dem pädagogischen Inhalt, der wertschätzenden Haltung, der Möglichkeit, Gefühlen Raum zu geben, der Verantwortungsübergabe an die Kinder, der positiven Fehlerkultur, sowie der Vermittlung von Geborgenheit und Sicherheit. Das Erzählen von Märchen ist dabei ein wichtiger Bestandteil (Krause, 2012a, 34). Sie beinhalten oft Botschaften und resiliente Verhaltensweisen, welche die sozialen Kompetenzen bei Kindern fördern und sich gut in den Schulalltag integrieren lassen. (Wustmann Seiler, 2016, 129). Das Miteinandersprechen und Reflektieren über ein Märchen fördert das Einordnen des Gehörten. Dieser kontextabhängige Austausch ist wiederum wichtig für die Sprachförderung und die Unterscheidung zwischen gesprochener und geschriebener Sprache im Zyklus 1 (Steitz-Kallenbach, 2003, 30). Märchen bieten Kindern entwicklungspsychologische Hilfe bei der Bewältigung elementarer Entwicklungsprozesse. Durch ihre einfache Formel und bildhafte Sprache laden sie zu Identifikationsmöglichketen ein, können durch den guten Ausgang der Geschichte Trost und Zuversicht geben und bieten Zugang zu Literatur und Erzählkultur (Wragge-Lange, 2003, 185).

7.1.1 Didaktischer Gehalt der Märchen Didaktik der Märchen

Die Zeit des Märchenerzählens betrifft die ganze Schulzeit und beschränkt sich nicht auf den Zyklus 1. Dabei sollen folgende Grundsätze beachtet werden, damit das Märchen in einem würdigen Rahmen wirken kann (Lange, 2012, 23).

Märchen als mündliche Erzählung

Märchen sollen auch in der Schule mündlich vermittelt werden, da sie auf einer mündlichen Tradition basieren. Beim Zuhören von Märchen erleben die Kinder die Kunst des Geschichten-Erzählens, den Aufbau von Erzähltexten, die Entstehung der Spannungsentwicklung und die Wirkung der sprachlichen Gestaltung. Sie erfahren den Unterhaltungswert der Märchen und deren besondere emotionale Qualität. Dabei können sie den Zugang dazu finden.

Märchen als literarisches Modell

Oft kennen die Kinder schon vor Schuleintritt einige Märchen. Der drei- oder fünfteilige Aufbau, die poetische Sprache, der Einsatz von Symbolen, das obligatorische glückliche Ende und die formelhaften Wendungen wie: ‚Es war einmal....' sind den meisten Kindern bekannt.

Märchen als Modellfall für Fiktion und Wirkung von Literatur

Kinder erfahren im Umgang mit den Märchen, einer literarischen Textform, welche beim Zuhören Freude vermittelt. Sie erleben bewusst oder unbewusst, dass Märchen in ihrer Lebenswelt spielen und dass sie durch den Perspektivenwechsel mit Märchenhelden und Heldinnen Erfahrungen durchleben können. Sie zittern und bangen mit ihnen. Wenn der Held oder die Heldin die Aufgabe bewältigt hat, sind sie mit ihm/ihr am Ende glücklich.

Märchen als Hilfsmittel im Umgang mit den Gefühlen

Kinder haben oft schon vor Schuleintritt eine enge Beziehung zu Märchen. Darin wird ihre kindliche Welt adäquat mit Problemen, Ängsten und Lebenskrisen widergespiegelt. Somit können Märchen unterstützend wirken. Die Kinder spüren die optimistische Haltung und dass im Leben Krisen bewältigt werden können.

Märchen als Modellfall für interkulturelle Erziehung

Märchen sind auf der ganzen Welt in verschiedenen Kulturen verbreitet und sind ähnlich gestaltet. Kulturell gleichen sich der Inhalt, die Strukturen sowie die Symbol-, Unterhaltungs- und Belehrkraft. In multikulturellen Klassen können Märchen aus verschiedenen Kulturen verbindend wirken.

Märchen als Kontrapunkt zum heutigen Denken in unserer westlichen Gesellschaft

Im Gegensatz zu unserem Denken überwiegt in den Märchen ein vorwissenschaftliches Denken, das sich durch intensives und sprunghaftes Bilddenken auszeichnet. Märchen haben einen Freiraum für scheinbar Nutzloses und Zweckfreies. Dies kann uns ermuntern, dass wir uns furchtlos auf ungewohnte und radikale Gedanken einlassen, ohne dabei das Scheitern zu fürchten.

Märchen als Hilfe zur Entfaltung der Kreativität

Die Erzählung des Märchens begünstigt das alternative Denken, wodurch kreative und produktive Gedanken unterstützt werden.

7.2 Die Erzählsituation

7.2.1 Märchensprache: Worte, die Bilder zaubern

Das Sprachgefühl der Kinder wird durch das Zuhören von Märchen gefördert. Oft erkennen sie sofort, dass die Märchensprache nicht dieselbe ist, wie die Alltagssprache. Kinder wundern sich über neue Begriffe, können sie jedoch bald in ihren Wortschatz einfügen und benutzen diese beim Nacherzählen (Jaenike, 2015, 13). Die Alltagssprache ist logisch aufgebaut und eindeutig definierbar. Im Märchen wird jedoch eine Symbolsprache verwendet. Sie wird als Sprache unserer Seele beschrieben. Diese Symbolsprache entspricht dem Denken der Kinder (Fürst et al., 2000, 49). Märchen beinhalten verschlüsselte Botschaften, welche wir mit unserem Verstand nur schwer verstehen. Die diesseitige und jenseitige Welt liegen nahe beieinanderliegen. Symbole können unterschiedlich gedeutet werden. Dies ermöglicht bei Märchen, dass je nach aktuellem Lebensthema des Kindes, die Geschichte unterschiedlich verstanden wird. Die Symbole laden uns ein, über das eigentliche konkrete Bild hinaus zu denken (Jaenike, 2015, 13). Die Bilder des Märchens erzählen innere Vorgänge durch äussere Handlungen. Kinder setzen Symbolbilder in Verbindung mit ihrem Leben und integrieren diese Synthese in ihre Entwicklung (Jaenike, 2015, 13). Sie haben meistens ein ganzheitliches Bild von sich und ihrer Umwelt und setzten die Veränderungen in ihrem Umfeld mit sich in Verbindung. Durch die Erzählung des Umgangs mit dieser Veränderung im Märchen durch von Heldinnen und Helden können Kinder neue Lebensmuster entstehen lassen. Märchen beflügeln die Fantasie und fördern die Fähigkeit, Situationen aus verschiedenen Perspektiven zu reflektieren und das eigene Handeln neu auszurichten. Worte haben im Märchen eine magische Wirkung. Durch Sprüchlein wird diese Wirkung unterstrichen. Wiederholungen helfen mit, Entwicklungen bewusst zu machen. Beim Mitsprechen wird das Rhythmus- und Sprachgefühl gefördert (Jaenike, 2015, 14).

7.2.2 Die Vorlesesituation gestalten

Die Erzählatmosphäre macht einen grossen Teil des Zaubers des Märchens aus (Jaenike, 2015, 11). Die Nähe und das Vertrauen zur erzählenden Person ergibt eine

Atmosphäre von Geborgenheit. Das Gefühl von Zeitlosigkeit beim Märchenerzählen lässt viel Anspannung aus dem Alltag vergessen. Die Vorlesesituation im Kindergarten ist einer der wichtigsten Momente in der literarischen Sozialisation (Steitz-Kallenbach, 2003, 30). Während dieser besonderen Situation im Alltag geht das Kind für den Moment des Vorlesens eine Beziehung mit der vorlesenden Person ein. Dieser ist durch eine grosse Intimität gekennzeichnet. Nicht selten kuschelt sich das Kind an den Erwachsenen, es wickelt sich in eine Decke ein oder zu Hause hat sich gar ins eigene Bett verzogen. Zur wohligen Abrundung der Situation kann das Kind etwas essen oder trinken. Im Unterschied zur familiären Situation muss das Kind im Zyklus 1 die Intimität mit anderen Kindern teilen (Steitz-Kallenbach, 2003, 31). Dies fördert die Fähigkeit des Kindes, zwischen verschiedenen Formen von Vorlesesituationen, der häuslichen und der ausserhäuslichen Situation, zu unterscheiden. Die Intimität kann einerseits einladend wirken, bei zu grosser Nähe aber als beängstigend wahrgenommen werden. Die Lehrpersonen benötigen ein Gespür für die Grösse der Gruppe, sowie die Entscheidung, welches Kind am nächsten bei ihr sitzen darf. Die Vorlesesituation soll nach den Bedürfnissen der Kinder gestaltet werden. Überlegungen der Kinder zum Gehörten sollen ernst- und aufgenommen werden. Nach der Vorlesesituation kann mit den Fragen, den Antworten, dem gegenseitigen Zuhören einen Beitrag zur Übung von verschiedenen Gesprächsformen und der eigenen Formulierung von Gedanken in der Gruppe geleistet werden. Im Rahmen der Erzählsituation von Märchen ergeben sich vielfältige Möglichkeiten, verschiedene Formen der Wirklichkeit zu erfahren und diese im schützenden Rahmen der Geschichte zu thematisieren (Steitz-Kallenbach, 2003, 31). Die Auseinandersetzung mit fiktionalen Welten ist ein wichtiger Schritt in der literarischen Sozialisation. Dies beeinflusst auch die allgemeine Entwicklung von Fantasie und fördert die Symbolisierfähigkeit. Die Fähigkeit, das Fremde und Irritierende auszuhalten, fördert die sozialen Kompetenzen. Es gehört zur Entwicklung, zwischen sich und anderen probeweise andere Positionen einnehmen zu können, um zum Beispiel beim Suchen von Lösungen kompromissfähig zu bleiben (Steitz-Kallenbach, 2003, 34). Ein Erzählplatz kann auch im Freien ausgewählt werden. Dabei kann ein märchenhafter Ort, wie beispielsweise im Schutz eines grossen Baumes, in der Nähe einer Hecke oder eines mit Moos überwachsenen Baumstrunkes bestimmt werden. Der ausgesuchte Platz kann immer wieder besucht werden. Durch die wiederholenden Erzählungen wird der Ort beseelt, schafft Vertrauen und Geborgenheit. Der Erzählort in der Natur kann mit gefundenem Material von Ort von den Kindern gestaltet werden. Es kann ein Erzählkreis aus Steinen oder Stecken gelegt werden, oder jedes Kind richtet sich selber einen Sitzplatz ein. Dies kann als Einstieg in die Märchenwelt verwendet werden. Das Erzählen kann auch während dem Spazieren geschehen und die Umgebung als Erzählkulisse mit einbezogen werden. Durch das Wahrnehmen der Landschaft im Zusammenhang mit Märchenbildern und den daraus entstandenen Assoziationen wird das vernetzte Denken gefördert (Beeli & Gysin, 2005, 18- 19).

7.2.3 Sinnliche Einstimmung

Es gibt unterschiedliche Formen der Einstimmung auf ein Märchen. So kann zum Beispiel der Einstieg in ein Märchen mit wenigen Strichen mit einer fragmentarischen Zeichnung aus Kohle oder Kreide eingeleitet werden. Die Zeichenstriche können mit einem Tuch zu einer Figur ergänzt werden. Der Spannungsaufbau wird durch das wortlose Handeln unterstützt. Bei der Erzählung wird in Märchensprache übergegangen (Beeli & Gysin, 2005, 16). Auch dem Zuhören kann eine spezielle Bedeutung beigemessen werden. Dabei macht die Lehrperson eine rhythmische oder musikalische Einleitung. Diese Rhythmen werden in der Erzählung der Geschichte immer wieder verwendet. Beispielswiese, wenn eine bestimmte Märchenfigur vorkommt, können die Schritte dargestellt werden, das Klimpern der Edelsteine oder einen Tanzrhythmus einer Prinzessin. Auch das Schmecken kann bei einem Märcheneinstieg ins Zentrum gestellt werden: Ein Zaubertrank, ein Apfel oder Salz können im Märchen eine Bedeutung haben. Diese Dinge können die Kinder vor der Erzählung kosten. Zu Beginn des Märchens können Gegenstände in einem Korb ertastet werden. Beispielsweise ein Stück Fell, ein Ring, ein Stein oder ein kostbares Tellerchen, das dann im erzählten Märchen eine Rolle spielen wird. Die Kinder können einander durch Flüstern mitteilen, welche Gegenstände sie ertastet haben (Beeli & Gysin, 2005, 16-17).

7.2.4 Methodische Vorgehensweise der Märchenerzählung

Das Märchen kann in einer klassischen, schriftlich festgehaltenen Form erzählt oder vorgelesen werden und dabei einzelne Szenen mit Bildern untermalt werden. Anschliessend wird über die Geschichte mit den Helden und Heldinnen gesprochen. Dabei unterstützen einzelne Bilder das Erzählen der Kinder. Eine weitere Methode ist das Entwickeln eines Märchens anhand von Bildern. Die Kinder werden angeregt, das Märchen ‚selber' zu gestalten und es dann nachzuerzählen. In heterogenen Gruppen, in welchen vielleicht nur einige lesen können, sollen alle genügend Zeit und Raum erhalten, um ihre Gedanken einfliessen zu lassen. Durch Impulse wie ‚Was denkst du? ' ‚Wie fühlt es sich an?' und Nachfragen werden die Kinder motiviert und gefordert. Die Kinder tauschen sich dabei über ihre unterschiedlichen Perspektiven, Interpretationen und Gedanken aus. Wichtig ist, sie dabei einfühlsam zu begleiten und ihnen aufmerksam zuzuhören. So werden sie in der Erzählkompetenz bestärkt und erfahren Wertschätzung durch andere Kinder. Es können während der Geschichte auch neue Figuren entstehen und dadurch neue Lösungswege gesucht und durchlebt werden (Philipps, 2015, 47).

7.3 Spielerische Umsetzung

7.3.1 Zeichnerische Darstellung, Arbeiten mit Naturmaterialien

Das Darstellen von Szenen oder Figuren in Märchen kann mit Hilfe von Zeichnungen vielseitig eingesetzt werden. Beispielsweise kann ein Plan des erzählten Märchens gezeichnet werden. Dabei werden die wichtigsten Figuren sowie Schauplätze auf Papierstreifen gezeichnet und wie ein Zeitstrahl aneinander geheftet. Dies erleichtert ein Nacherzählen oder Eingehen auf einzelne Szenen. Diese Arbeit kann in Gruppen gemacht werden und danach einander vorgestellt werden (Beeli & Gysin, 2005, 22). Durch Zeichnungen können die Kinder ihre Vorstellungen von den Protagonisten und Protagonistinnen mit und auf unterschiedlichen Materialien festhalten und ausgestalten. Beispielweise kann auf einem grossen weissen Tuch gemeinsam eine Kohlezeichnung gestaltet werden. Genügend Platz ermöglicht das laufende Ergänzen der Zeichnungen mit Naturmaterialien wie Moos, Rinde, Holzstücken oder Blätter. Zudem kann ein Märchenwald mit unterschiedliche Materialien gebastelt werden. Geformte Landschaften und Gebäude können den Eintritt in die Märchenwelt erleichtern (Beeli & Gysin, 2005, 29- 30).

7.3.2 Arbeiten mit Ton

Beim Einsatz von Ton gibt es etliche Möglichkeiten, diesen bei der Arbeit mit Märchen einzusetzen. Beispielsweise gestaltet die Lehrperson, ohne zu sprechen, aus einem Klumpen Ton ein Wegstück. Die Kinder fokussieren stark auf das Geschehen und sind oft ganz aufmerksam und gedanklich ganz auf der Spielebene. Nach dem Darstellen des Weges beginnt die Erzählung zum Beispiel mit: „Es war einmal vor langer Zeit, da führte ein Weg....“. Und so können bei den Szenen Schlüsselelemente dargestellt werden. Mit wenig zusätzlichem Material wie mit goldener Folie könnte dem König eine Krone aufgesetzt oder mit etwas Fell dem Wolf ein Fell übergezogen werden. Die Tonfiguren bleiben nicht statisch, sondern machen während des Sprechens kleine, klare Bewegungen Die Intensität des Erlebens des Märchens wird durch das Handeln der Figuren vertieft. Gestalterische Elemente wie das

Schräg-Halten eines Puppenkopfes, um die Trauer einer Figur darzustellen, werden eingesetzt.

Nach der Erzählung eines Märchens kann eine Figur hergestellt werden, welche den Kindern besonders gefällt. Diese kann als Erinnerung und ‚Mutmacher' gebrannt und von den Kindern in der Hosentasche mitgetragen werden, damit die Figur in schwierigen Situationen Mut verleihen kann (Beeli & Gysin, 2005, 31- 33).

7.3.3 Darstellung der Märchen durch Rollenspiele und Theater

Zur Darstellung von Märchen bietet sich auch das Rollenspiel an. Die Kinder können in verschiedene Rollen schlüpfen und ausprobieren, wie es sich anfühlt, eine gute Fee oder die böse Schlange zu sein. Im Rollenspiel lernen sie, ihre vertraute Rolle zu verlassen. Sie spielen eine Figur mit all ihren Eigenschaften, welche sich von ihrem eigenen Leben unterscheidet. Durch das wiederholte Spielen von denselben Szenen, können sie das Erleben von Gefühlen ausprobieren. Beispielsweise kann eine Szene wiederholt gespielt werden, in welcher die Kinder lustvolle Angst empfinden. Dabei können gemeinsam verschiedene Auswege aus dieser Situation geübt und nach Lösungsstrategien gesucht werden (Philipps, 2015, 47).

7.3.4 Einsetzen von Spielfiguren

Spielfiguren, wie beispielsweise Handpuppen, können während dem Erzählen von der Lehrperson eigesetzt werden. Dabei kann durch eine sorgfältige Präsentation auf wirkungsvolles Material geachtet werden. Die Kinder können zu einem späteren Zeitpunkt selber Figuren herstellen. Oft ist für die Kinder das Rollenspiel mit Spielfiguren etwas einfacher, als das Übernehmen einer Rolle in einem Rollenspiel. Auf diese Weise stellen sie die Heldin oder den Helden durch die Spielfigur, und nicht durch den eigenen Körper dar (Beeli & Gysin, 2005, 35).

7.3.5 Herstellung und Einsatz von Requisiten

Requisiten, können mit unterschiedlichem Material durch die Kinder selber hergestellt werden. Diese Tätigkeit kann den Eintritt in die Märchenwelt vereinfachen. Dabei machen die Kinder Erfahrungen mit verschiedenen Materialien und können ihre eigenen Ideen umsetzen (Beeli & Gysin, 2005, 37). Amacher (2017) benutzt Requisiten oft beim Einstieg in die Erzählsituation. So kann zum Beispiel ein Becken mit (Plastik-) Seerosen oder ein Paar Stiefel in der Mitte des Kreises der Kinder eine enorme Ausstrahlung haben und die Atmosphäre im Raum verzaubern. Dabei ist zu beobachten, wie die Kinder ruhig werden und in die Welt der Märchen eintauchen. Besonders bei Kindern mit eher einer tiefen Aufmerksamkeitsspanne können einzelne Requisiten eine Hilfe sein, gedanklich bei der Erzählung zu bleiben.

7.4 Bühnen

Diese Kapitel basiert auf mündlichen Aussagen von Sonja Amacher, Dozentin des Sommerkurses ‚Figurenspiel - Spielfiguren' des IHP Bern im Sommer 2017. Amacher betont, dass bei der Darstellung von Märchen die Handlung durch Figuren auf ganz unterschiedlichen Bühnen verdeutlicht werden kann. Je nach Grösse der Figuren und nach gewünschter Darstellungsart der Geschichte, bieten sich verschiedenen Bühnen an.

Alle abgebildeten Photos sind Privatphotos.

Kesselbühne

Ein Farbkessel kann mit einem Sperrholzbrett abgedeckt werden und daraus eine Rückwand erstellt werden. Ein kleiner Vorhang aus Stoff, welcher am Griff des Kessels befestigt ist, verleiht der Bühne die nötige Ausstrahlung. Auf dieser Bühne kann mit kleinen, symbolischen Gegenständen oder mit kleinen Spielfiguren gespielt werden.

Abb. 2: Kesselbühne

Regenschirmbühne

Der Regenschirm wird nach gewünschter Farbe und Grösse gewählt. Es werden je nach Situation und Geschichte die Anzahl Löcher ausgeschnitten. Mit den passenden Figuren können Szenen gespielt werden. Diese Bühne bietet den Vorteil, dass sie innert kürzester Zeit aufgestellt ist. Somit können spontan Szenen oder Konfliktsituationen aus dem Kindergartenalltag aufgenommen und nachgespielt werden.

Abb. 3: Regenschirmbühne

Käsebrettbühne

Das drehbare Käsebrett eignet sich für sich wiederholende Szenen, welche zu unterschiedlichen Tages- oder Jahreszeiten spielen. In der Mitte des Brettes wird eine Rückwand befestigt. Nun kann je nach Szene die entsprechende Seite nach vorne gedreht werden.

Abb. 4: Käsebrettbühne (Nacht-Szene)

Abb. 5: Käsebrettbühne (Tag-Szene)

Kistenbühne

Jede beliebige Holzkiste oder Kartonschachtel kann zu einer Bühne umfunktioniert werden. Die Kiste kann vor Beginn der Darstellung geschlossen bleiben und die Spannung bleibt für die Kinder hoch. Sobald das Theater beginnt, wird sie geöffnet. Es bietet sich an, im Innern mit kleinen Lampen eine Beleuchtung einzurichten.

Abb. 6: Kistenbühne

Kamishibai

Das Kamishibai wurde mit der japanischen Erzählkunst nach Europa gebracht. Die Bilder, welche zur Szene einer Geschichte passen oder das Bilderbuch selber, kann dabei wie in einem Bilderrahmen eingespannt werden. Seitlich kann mit Kerzen oder elektrischer Beleuchtung die Stimmung bei der Erzählung unterstützt werden. Farbige Tücher zur Dekoration verstärken die Atmosphäre.

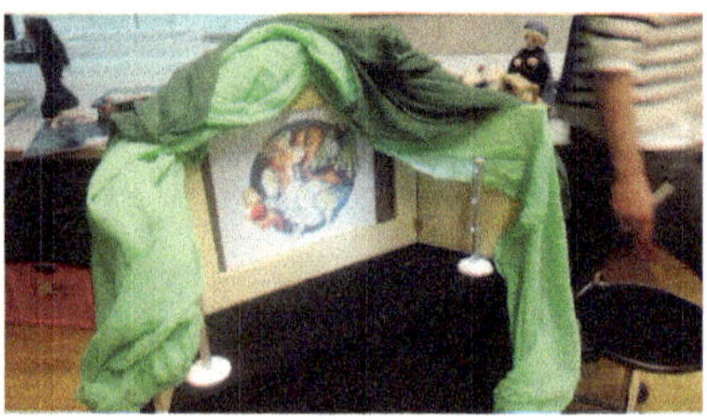

Abb. 7: Kamishibai

7.5 Fazit

Der bewusste Einsatz des Märchens im Unterricht kann sehr vielseitig sein, je nach aktueller Situation der sozialen Prozesse in der Klasse, je nach Jahreszeit oder Lebensthemen der Kinder. Neben dem Erzählen der Märchen und dem dazugehörenden Vermitteln der inneren Bilder, kann das Gestalten der Erzählatmosphäre zu einem zentralen Element werden. Dabei können die Kinder die intime Erzählatmosphäre erleben, das Vertrauen zur erzählenden Person kann gefestigt werden und die Beziehung kann sich dabei vertiefen. Diese Beziehung ist Voraussetzung für eine gute und stabile Lernatmosphäre - der ganze weitere Lernprozess baut darauf auf. Die Wirkung oder die Tiefe der Märchen kann Kindern nicht aufgezwungen werden. Die Kinder entscheiden selber, welche Märchen sie hören wollen und welche inneren Bilder oder Szenen für sie wichtig sind. Heilpädagogen, Heilpädagoginnen und Lehrpersonen können Märchen als Angebote gestalten, dabei jedem Kind die Entscheidungsfreiheit lassen, welche Helden, Heldinnen oder Gefühle es für seinen Alltag und sein Leben verinnerlicht. Oft ist bei Kindern der Wunsch nach Wiederholungen bei Erzählungen gross. Dieser soll ernst genommen werden. Dabei zeigt sich das Bedürfnis, schöne, bedrohliche oder befriedigende Gefühle immer und immer wieder zu erleben. Die Wiederholungen bringen den Kindern Befriedigung und Klarheit und unterstützen sie dadurch in ihren Lebensthemen. Durch die Darstellung der unterschiedlichen Umsetzungsmöglichkeiten im Unterricht wurde deutlich, dass die ‚Wirkung des Erzählens' an sich durch geeignetes Material oder passende Umgebung vertieft werden kann. Es wurde deutlich, dass die Auseinandersetzung mit den Lebensthemen in den Märchen intensiver wird, wenn Kinder Szenen oder Figuren mit Material darstellen können.

8 Zusammenfassung und Reflexion

Die vorliegende Arbeit will aufzeigen, dass das Erzählen von Märchen der Gebrüder Grimm für Kinder im Zyklus 1 eine resilienzfördernde Wirkung haben kann.

8.1 Zusammenfassung

Durch die Arbeit begleiten Heilpädagoginnen und Heilpädagogen die Schülerinnen und Schüler im schulischen Kontext in der Entwicklung zur Mündigkeit und Selbständigkeit. Dabei kann ihre Unterstützung auch bezüglich der Entwicklung und Stärkung der Resilienz einen grossen Beitrag leisten. Diese innere Widerstandskraft ermöglicht, dass anspruchsvolle und schwierige Aufgaben im Leben besser gemeistert und die Kinder selbstbewusster und selbstständiger durchs Leben gehen können.

Die Entwicklung von Resilienz ist von verschiedenen Faktoren abhängig. Diese werden in den dargestellten Modellen aufgezeigt. Alle Modelle haben gemeinsam, dass die Entwicklung zu resilientem Verhalten von jedem Kind von so genannten Risiko- und Schutzfaktoren abhängig ist. Die Risiko- und Schutzfaktoren beeinflussen sich gegenseitig in ihrer Wirkung. Wie in den Modellen dargestellt, ist der Prozess der Entwicklung von Resilienz komplex, multidimensional und auch von biologischen, psychosozialen, sozialen, genetischen und psychologischen Faktoren beeinflusst.

Das Verhalten der Lehrpersonen, der Heilpädagogen und Heilpädagoginnen kann die Kinder in der Entwicklung von resilientem Verhalten zum Beispiel unterstützen, indem sie verlässliche Bezugspersonen sind, sich für klare Abläufe im Schulalltag und transparente Regeln einsetzen und den Kindern im Schulalltag Verantwortung übergeben. Mit all diesen Massnahmen können die Resilienzfaktoren und soziale Schutzfaktoren gestärkt werden.

Auch das Erzählen von Märchen kann resilinezfördernd wirken. In der Literatur wird beschrieben, dass die Kinder den Inhalt der gehörten Märchen mit den mutigen Verhaltensweisen der Protagonisten und Protagonistinnen in sich tragen und sich davon inspirieren lassen. Das Erzählen der Märchen lässt innere Bilder entstehen, welche die Schülerinnen und Schüler in sich mittragen und dadurch im Alltag gestärkt werden. Der jeweils positive Schluss im Märchen stärkt die Kinder und unterstützt sie in ihrem Lebensmut.

Mit der Überprüfung der Märchen auf resilienzfördernde Faktoren mit Hilfe eines Rasters wird am Beispiel von vier Märchen der Gebrüder Grimm aufgezeigt, auf welche Weise Märchen eine resilienzfördernde Wirkung haben können. Damit diese jedoch erzielt werden kann, müssen von Lehrpersonen, Heilpädagoginnen und Heilpädagogen methodisch verschiedene Erzähl- und Darstellungsformen der Märchen angewendet werden. So kann die Wirkung der Auseinandersetzung mit den ausgelösten Gefühlen vertieft und in bekannten Situationen neue Verhaltensmuster eingeübt werden. Dabei soll immer wieder die gestalterische und sinnliche Umsetzung im Vordergrund stehen. Auch durch das Gestalten der Erzählatmosphäre können verschiedene Sinne angesprochen und die Wirkung der Märchen auf unterschiedliche Art und Weise erlebt und vertieft werden. Die Kinder sollen ihre Eindrücke des gehörten Märchens verarbeiten können, damit sie sich darüber freuen und diese Erinnerungen hinterlassen, von welchen sie noch lange zehren können.

8.2 Fazit

Durch die Auseinandersetzung mit der aktuellen Literatur wurde deutlich, dass das Thema der Unterstützung der Entwicklung der Resilienz ein zentrales Thema im Schulalltag ist. Mit Fachwissen, Fingerspitzengefühl und Interesse an der Biographie der Kinder können die Schülerinnen und Schüler durch die Heilpädagoginnen, Heilpädagogen und Lehrpersonen darin unterstützt werden. Auch die Bereitschaft und Offenheit, den eignen Unterricht zu reflektieren, ist eine Voraussetzung. Für die Förderung der Entwicklung von Resilienz ist das Obligatorium für sie Schule optimal. Alle Kinder werden systematisch eingeschult. Das ermöglicht die sorgsame Beobachtung aller Kinder durch die Heilpädagoginnen, Heilpädagogen und Lehrpersonen. Bei Bedarf kann eine Unterstützung in Bezug auf Resilienzförderung eingeleitet und angeboten werden.

Das Erzählen, Darstellen oder Gestalten der Märchen an sich kann eine Unterstützung bieten. Jedoch gilt dies nicht als Wundermittel. Es stellt eine von vielen Massnahmendiesbezüglich dar, welche konstant und nachhaltig während der Zeit vom Zyklus 1 wirken kann.

Eine Schwierigkeit sehe ich in der Anwendung des Rasters (Koj, 2008) der resilienzfördernden Faktoren. Zu den einzelnen resilienzfördernden Aspekten werden bei der Anwendung Punkte zugeteilt. Diese geschieht gefühlsmässig und nicht nach klaren Kriterien. Jedoch habe ich trotz diesem unpräzisen Faktor keine Bedenken, dass das Erzählen von Märchen resilienzfördernd wirkt. Im Lehrplan 21 hat die Förderung der Basiskompetenzen wie die Sprach- und Wahrnehmungskompetenz, Sozialkompetenz, Wertekompetenz, Fantasie- und Kreativitätskompetenz einen festen Platz. Alle diese können mit der Vermittlung von Märchen unterstützt werden. Diese Chance, Märchen im Unterricht einzusetzen soll von den Heilpädagoginnen, Heilpädagogen und Lehrpersonen genutzt werden. Das Erzählen von Märchen kann die Kinder in ihren personalen Resilienzfaktoren und sozialen Schutzfaktoren unterstützen. Märchen haben keinen Einfluss auf Risikofaktoren und ihre Wirkung hat demnach diesbezüglich seine Grenzen.

Offen ist die Frage der Quantifizierung von Resilienz im Alltag geblieben. Beobacht- und messbar sind nur die Risiko- sowie Schutzfaktoren, welche dann auf die Entwicklung der Resilienz schliessen lassen. Jedoch bin ich der Überzeugung, dass geschulte und erfahrene Lehrpersonen, sowie Heilpädagoginnen und Heilpädagogen die Fähigkeit haben, auffällige Entwicklungen zu resilientem Verhalten zu erkennen und im richtigen Moment präventive Massnahmen in Bezug auf die gezielte Förderung einzusetzen.

8.3 Persönliche Schlussfolgerung und Ausblick

Durch die Ausbildung zur Heilpädagogin hat sich mein Fokus im Schulalltag weg von schulischen Themen zu psychosozialen Inhalten und Prozessen verschoben. Vor allem die Begleitung, Förderung und Stärkung von Kindern und Jugendlichen aus sozioökonomisch benachteiligten Familien wurde mir wichtig. Es ist mir ein Anliegen, dass sie nach der obligatorischen Schulzeit selbstbewusst ins Leben entlassen werden können.

Das Thema ‚Resilienz' hat mich schon seit langer Zeit interessiert. Im Sommerkurs durfte ich den Kurs ‚Figurenspiel – Spielfiguren' besuchen. Während dieser Woche spürt ich die Bedeutung und die Tiefe, welche Märchen mit ihren Figuren und Handlungen bei mir persönlich hinterliessen. Die Auseinandersetzung mit der Märchenwelt hat mir eine grosse Zufriedenheit und Zuversicht gegeben, sie haben ‚meine Seele berührt.

Ich freute mich, diesem etwas diffusen und schönen Gefühl der Zufriedenheit in der Masterarbeit auf die Spur zu kommen. Die theoretische Auseinandersetzung mit dem Thema ‚Resilienz' hat mein Fachwissen enorm erweitert. Dazu gehört aber auch der Prozess der Literatursuche und dem Auseinanderhalten von Begrifflichkeiten. Je länger ich mich damit auseinandersetze, desto klarer und tiefer wird das Verständnis dafür. Die Zeitdauer des Schreibens der Arbeit hat mir dabei geholfen. Ich benötigte das Jahr zur Erstellung der Arbeit, um einen guten Zugang zum Thema zu finden, mich damit auseinanderzusetzen und mein Verständnis zu vertiefen. Das ‚sich verlieren' in der Literatur, in unterschiedlichen Definitionen und Begrifflichkeiten gehörte immer wieder dazu.

Mich fasziniert das Thema der ‚Resilienz' immer noch – so wie zu Beginn der Arbeit. Die vorliegende Arbeit erlaubt mir, mich in meinem Schulalltag bewusster und sicherer zu bewegen und ermöglicht mir, den Fokus auf ganz zentrale Handlungen und Umstände zu legen, welche ich bis anhin intuitiv gemacht habe. Heute erlebe ich die Wirkung der beschriebenen Massnahmen auf der Oberstufe – und erahne, wir hilfreich diese für die Schülerinnen und Schüler auf der Unterstufe gewesen wären. Ich kann nun meinen Schulalltag bewusster gestalten. So kann ich meine Schülerinnen und Schüler im Erwerb zur Selbständigkeit ins Leben noch gezielter unterstützen.

Verzeichnisse

Literaturverzeichnis

Amacher, Sonja (2017). *Figurenspiel – Spielfiguren.* Skript. PHBern.

Beeli, Irene; Gysin, Margrit (2005). *Prinzessin Mäusehaut. Erzählen-Spielen-Gestalten.* Zürich: Scola Verlag.

Bengel, Jürgen; Meinders-Lücking, Frauke & Rottmann, Nina (2009). *Schutzfaktoren bei Kindern und Jugendlichen – Stand der Forschung zu psychosozialen Schutzfaktoren für Gesundheit.* Köln: Bundeszentrale für gesundheitliche Aufklärung (BZgA).

Bettelheim, Bruno (2017). *Kinder brauchen Märchen.* München: Deutscher Taschenbuch Verlag.

Erziehungsdirektion des Kantons Bern (2016). *Lehrplan 21.* On-line Broschüre. Bern: Verfügbar unter: http://be.lehrplan.ch. März 2018.

Fingerle, Michael (2008). Risiko- und Schutzfaktoren innerhalb der Schule. In: Borchert, Johann; Hartke, Bodo & Jogschies Peter. *Frühe Förderung entwicklungsauffälliger Kinder und Jugendlicher.* (206-217). Stuttgart: Kohlhammer.

Fischer, Sibylle (2012). Resilienzförderliche Kinderliteratur. In: Fröhlich-Gildhoff, Klaus; Becker, Jutta & Fischer Sibylle (Hrsg.), *Gestärkt von Anfang an. Resilienzförderung in der Kita* (140-148). Weinheim und Basel: Beltz.

Frick, Jürg (2011). Was uns antreibt und bewegt. Entwicklung verstehen, begleiten und beeinflussen. Bern: Hans Huber.

Fröhlich-Gildhoff, Klaus; Rönnau-Böse, Maike (2009). Kinder stärken. Resilienzföderung in der Kindertageseinrichtung. *Sozial Extra, 11 (12),* 14-16.

Fröhlich-Gildhoff, Klaus; Becker, Jutta & Fischer, Sibylle (2012). *Gestärkt von Anfang an. Resilienzförderung in der Kita.* Weinheim: Beltz.

Fröhlich-Gildhoff, Klaus; Rönnau-Böse, Maike (2015). *Resilienz* (4. Aufl.). München: Ernst Reinhardt.

Fürst, Iris Andrea; Helbig, Elke & Schmitt, Vera (2000). *Kinder- und Jugendliteratur* (1. Aufl.). Neusäss: Kieser Verlag.

Göppel, Rolf (2011). Resilienzförderung als schulische Aufgabe. In: Zander, Margherita (Hrsg.), *Handbuch Resilienzförderung* (283-406). Wiesbaden: VS Verlag für Sozialwissenschaften.

Grotberg, Edith H. (2011). Anleitung zur Förderung von Resilienz von Kindern – Stärkung des Charakters. In: Zander, Margherita (Hrsg.), *Handbuch Resilienzförderung* (51-101). Wiesbaden: VS Verlag für Sozialwissenschaften.

Haug-Schnabel, Gabriele (2012). Einleitung. In: Wyrobnik, Irit (Hrsg.). *Wie man ein Kind stärken kann* (9-12). Göttingen: Vandenhoeck & Ruprecht.

Hilty, Elisa (2008). Apfelfrau & Nelkenmann. Zaubermärchen aus aller Welt. Oberhofen am Thunersee: Zytglogge.

Jaenike, Djamilia (2015). *Kindermärchen aus aller Welt.* Lützelflüh: Mutabor Verlag.

Kipker, Marion (2008). Kinder, die nicht aufgeben. Förderung der Resilienz in der pädagogischen Praxis. Marburg: Tectum Verlag.

Knoch, Linde (2012). Das erzählen von Volksmärchen in unserer Zeit. Intention und Methode. In: Kurt, Franz (Hrsg.), Märchenwelten, das Volksmärchen aus der Sicht verschiedener Fachdisziplinen (2. Aufl.) (117-1359). Baltmannsweiler: Schneider-Verlag-Hohengehren

Koj, Saskia (2008). *Kindliche Kraft und Kinderliteratur.* Bremen: Universität Bremen

Krause, Stephanie (2012a). Präventionsarbeit zur Stärkung von Kindern. In: Wyrobnik, Irit (Hrsg). *Wie man ein Kind stärken kann* (29-38). Göttingen: Vandenhoeck & Ruprecht.

Krause, Stephanie (2012b). Was versteht man unter Resilienz?. In: Wyrobnik, Irit (Hrsg). *Wie man ein Kind stärken kann* (19-28). Göttingen: Vandenhoeck & Ruprecht.

Lange, Günter (2012). *Märchen, Märchenforschung, Märchendidaktik* (3. Aufl.). Baltmannsweiler: Schneider-Verlag Hohengehren.

Laucht, Manfred (1999). Kritische Anmerkungen zu einer Problematischen Dichtomie. In: Opp, Günther; Fingerle, Michael (Hrsg.), *Was Kinder stärkt. Erziehung zwischen Risiko und Resilienz* (1. Aufl.) (303 - 314). München: Ernst Reinhardt.

Laucht Manfred (2012). Vulnerabilität und Resilienz in der Entwicklung von Kindern. In: Brisch, Karl Heinz; Hellbrügge, Theodor (Hrsg.), *Bindung und Trauma* (4. Aufl.) (53-71). Stuttgart: Klett-Cotta.

Lösel, Friedrich; Bender Doris (1999). Von generellen Schutzfaktoren zu differentiellen protektiven Prozessen: Ergebnisse und Probleme der Resilienzforschung. In: Opp, Günther; Fingerle, Michael (Hrsg.), *Was Kinder stärkt. Erziehung zwischen Risiko und Resilienz* (1. Aufl.) (37-58). München: Ernst Reinhardt.

Lüthi, Max (2005). *Das europäische Volksmärchen.* (11. Aufl.) Tübingen: Francke Verlag.

Lutz, Christiane (2016). Mythen und Märchen der psychodynamischen Therapie von Kindern und Jugendlichen. Stuttgart: Kohlhammer.

Opp, Günther (1999). Schule – Chance und Risiko. In: Opp, Günther; Fingerle, Michael (Hrsg.), *Was Kinder stärkt. Erziehung zwischen Risiko und Resilienz* (1. Aufl.) (229-243). München: Ernst Reinhardt.

Philipps, Ulrike (2015). *Kooperation zwischen Tageseinrichtungen und Grundschulen. Kinder stärken im Übergang.* On-line Artikel. Ministerium für Kultus, Jugend und Sport, Baden-Württemberg: Verfügbar unter: file:///Users/renatekeller/Downloads/Koopordner_13_Kinder%20staerken_im_Uebergang.pdf. Februar 2018.

Pöge-Alder, Kathrin (2011). *Märchenforschung. Theorien, Methode, Interpretationen* (2. Aufl.). Tübingen: Narr Verlag.

Ravens-Sieberer, Ulrike; Wille, Nora; Bettge Susanne & Erhart, Michael (2007). Psychische Gesundheit von Kindern und Jugendlichen in Deutschland. Ergebnisse aus der BELLA-Studieim Kinder- und Jugendgesundheitssurvey (KIGGS). On-line Artikel. Robert Koch- Institut, Berlin: Verfügbar unter: httpa://www2.uni-erfurt.de/sport/seiten/downloads/KiGGS_Ravens-Sieberer_psychiche_Ges.pdf. Februar 2018.

Schieder, Brigitta (2014). *Erzähl mir doch ein Märchen.* (2. Aufl.) München: Don Bosco Medien GmbH.

Schlenker-Schulte, Christa (1999). Schule, die riskante Chance. In: Opp, Günther; Fingerle, Michael (Hrsg.), *Was Kinder stärkt. Erziehung zwischen Risiko und Resilienz.* (1. Aufl.) (244-249). München: Ernst Reinhardt.

Siegrist Ulrich (2010). Der Resilienzprozess. Wiesbaden: Verlag für Sozialwissenschaften.

Steitz-Kallenbach, Jörg (2003). Die Bedeutung der Kinderliteratur für die Entwicklung des Kindes. In: *Handbuch Kinderliteratur. Grundwissen für Ausbildung und Praxis.* (2. Aufl.) (18-36). Freiburg: Herder Verlag.

Werner, Emmy E. (1999). Entwicklung zwischen Risiko und Resilienz. In: Opp, Günther; Fingerle, Michael (Hrsg.), *Was Kinder stärkt. Erziehung zwischen Risiko und Resilienz.* (1. Aufl.) (25-36). München: Ernst Reinhardt.

Werner, Emmy E. (2006). Wenn Menschen trotz widrigen Umständen gedeihen – und was man daraus lernen kann. In: Welter-Enderlin, Rosmarie; Hildebrand, Bruno (Hrsg.), *Resilienz – Gedeihen trotz widriger Umstände* (28-42). Heidelberg: Carl-Auer Verlag.

Wilkes, Johannes (2008). Märchen als Psychotherapie. Die psychologische Analyse und die therapeutische Wirkung von Volksmärchen. In: Kurt, Franz (Hrsg.), *Märchenwelten, das Volksmärchen aus der Sicht verschiedener Fachdisziplinen* (2. Aufl.) (60-71). Baltmannsweiler: Schneider-Verlag-Hohengehren.

Wragge-Lange, Irmhild (2003). Märchen als frühes literarisches Erlebnis. In: *Handbuch Kinderliteratur. Grundwissen für Ausbildung und Praxis.* (2. Aufl.) (182-200). Freiburg: Herder Verlag.

Wustmann Seiler, Corina (2016). *Resilienz. Widerstandsfähigkeit von Kindern in Tageseinrichtungen fördern* (6. Aufl.). Berlin: Cornelsen Verlag Scriptor.

Wyrobnik, Irit (2012). *Wie man ein Kind stärken kann.* Göttingen: Vandenhoeck & Ruprecht.

Zitzlsperger, Helga (2012). Märchen in Pädagogik und Didaktik. In: Kurt, Franz (Hrsg.), Märchenwelten, das Volksmärchen aus der Sicht verschiedener Fachdisziplinen (2. Aufl.) (136-162). Baltmannsweiler: Schneider-Verlag-Hohengehren.

Abbildungsverzeichnis

Tabellenverzeichnis

Anhang: Raster (Koj, 2008) ausgefüllt

1. Aspekt: Entwicklung von Bewältigungsstrategien im Umgang mit Krisen

	Schneewittchen	Froschkönig	Frau Holle	Rotkäppchen
Geht das Buch auf ein oder mehrere Krisenformen in der kindlichen Entwicklung ein?				
Ja	x	x	x	x
Nein				
Zu effektiven Coping-Strategien wird				
Angeregt				
Zum Teil angeregt	x	x	x	x
Nicht angeregt				
Alternative Lösungswege sind				
Möglich	x	x	x	x
Zum Teil möglich				
Nicht möglich				
Die vorgeschlagenen Bewältigungsstrategien sind für das Kind				
Realisierbar	x	x	x	x
Teilweise realisierbar				
Nicht realisierbar				

2. Aspekt: Stärkung des Selbstwirksamkeitsglaubens

	Schneewittchen	Froschkönig	Frau Holle	Rotkäppchen
Die Lösung des Problems				
Vom Protagonisten selbst ausgehend	x	x	x	x
Zum Teil vom Protagonisten ausgehend				
Von aussen kommend				
Zu Beginn ein schwacher Protagonist				
Geht gestärkt aus der Geschichte hervor	x	x	x	x
Geht zum Teil gestärkt aus der Geschichte hervor				
Bleibt schwach				
Im Falle eines Scheiterns hätte dem Protagonisten				
Hilfe bereit gestanden	x		x	x
Zum Teil Hilfe bereit gestanden		x		
Keine Hilfe bereit gestanden				
Die Geschichte verläuft für den Protagonisten				
Erfolgreich	x	x	x	x
Zum Teil erfolgreich				
Nicht erfolgreich				

3. Aspekt: Stärkung der emotionalen Kompetenz

	Schneewittchen	Froschkönig	Frau Holle	Rotkäppchen
Das Märchen setzt sich mit den Emotionen des Protagonisten auseinander				
Ja	x	x	x	
Nein				x
Das Buch setzt sich mit Gefühlen				
Vertieft auseinander	x			
Ansatzweise auseinander		x	x	x
Nicht auseinander				
Erfolgreiche Emotionsstrategien				
Werden vorgestellt	x			
Ansatzweise vorgestellt		x		x
Nicht vorgestellt			x	

4. Aspekt: Stärkung der Sozialkompetenz

	Schneewittchen	Froschkönig	Frau Holle	Rotkäppchen
Das Bilderbuch thematisiert Beziehungen und soziales Verhalten				
Ja	x	x	x	x
Nein				
Perspektivenwechsel werden im Buch				
Vorgenommen	x	x	x	x
Zum Teil vorgenommen				
Nicht vorgenommen				
Positive Beziehungsformen				
Dargestellt	x	x	x	x
Zum Teil dargestellt				
Nicht dargestellt				
Konstruktives soziales Verhalten wird				
Gezeigt	x	x	x	x
Zum Teil gezeigt				
Nicht gezeigt				

5. Aspekt: Stärkung des Selbstbewusstseins

	Schneewittchen	Froschkönig	Frau Holle	Rotkäppchen
Das Bilderbuch lässt Auswirkungen auf das Selbstbewusstsein vermuten				
Ja	x	x	x	x
Nein				
Das Kind wird in seiner Situation				
Ernst genommen	x	x	x	x
Teilweise ernst genommen				
Nicht ernst genommen				
Das Buch unterstützt				
Dabei Schwächen positiv wahrzunehmen	x	x	x	x
Zum Teil dabei, Schwächen positiv wahrzunehmen				
Nicht dabei, schwächen positiv wahrzunehmen				
Das Buch vermittelt in Bezug auf die dargestellte Situation				
Einen optimistischen Gesamteindruck	x	x	x	x
Einen neutralen Gesamteindruck				
Einen pessimistischen Gesamteindruck				

6. Aspekt: Unterstützung bei schwierigen Lebenskrisen

	Schneewittchen	Froschkönig	Frau Holle	Rotkäppchen
Das Bilderbuch handelt von einer schwerwiegenden Krise				
Ja	x	x	x	x
Nein				
Eine schwerwiegende Belastungssituation wird				
Umfassend, aber nicht überfordernd, thematisiert	x	x	x	
Teilweise thematisiert				x
Nicht / überfordernd thematisiert				
Effektive Coping-Strategien werden				
Vorgestellt	x		x	
Zum Teil vorgestellt		x		x
Nicht vorgestellt				
Helfende Personen oder Institutionen werden				
Vorgeschlagen				
Ansatzweise vorgeschlagen	x			x
Nicht vorgeschlagen		x	x	

7. Aspekt: Besondere Stärkung von Jungen oder Mädchen

	Schneewittchen	Froschkönig	Frau Holle	Rotkäppchen
Werden im Bilderbuch Rollenstereotype thematisiert?				
Ja	x	x	x	x
Nein				
Jungen oder Mädchen können durch das Buch				
Besonders gestärkt werden	x	x	x	x
Zum Teil gestärkt werden				
Eher nicht gestärkt werden				
Rollenstereotype / Klischees werden				
Thematisiert, in Frage gestellt				
Thematisiert, aber nicht in Frage gestellt				
Ohne Reflexion präsentiert	x	x	x	x
Die vorgeschlagenen Bewältigungsstrategien sind für das Kind				
Realisierbar	x	x	x	x
Teilweise realisierbar				
Nicht realisierbar				